LE TEORIE POLITICHE

DI SAN TOMMASO

E

IL MODERNO DIRITTO PUBBLICO

PER

L'AVV. ANTONIO BURRI

———◆ ⁙ ◆———

ROMA
Tipografia della Società Cattolica Istruttiva
1884.

PREFAZIONE

———

Non v' ha alcuno che non iscorga con alta meraviglia e stupore i grandi rivolgimenti sociali e politici operatisi nel nostro secolo. La civiltà uscita dalle sue vecchie condizioni per mezzo di una di quelle grandi crisi che a quando a quando sconvolgono l' indirizzo della umanità, crisi che scoppiata in Francia alla fine dello scorso secolo fece sentire i suoi effetti a tutta Europa, è entrata per una nuova via sotto l' impulso di una idea potentissima a muovere gli animi degli uomini, l' idea della libertà e del progresso. Quella rivoluzione travolse seco ogni cosa: caduti gli antichi ordinamenti, tutto il sociale edificio fu scalzato dalle fondamenta, nuovi principii si sostituirono a quelli che fino allora erano stati la base della Legge e del Diritto pubblico, le relazioni fra Sovrani e sudditi s' intesero in modo affatto diverso,

e una profonda e radicale trasformazione fu compiuta,
che abbracciò tutte le forme della vita dell'uomo, come
individuo cioè, come famiglia e società. Ma cotali
rivolgimenti, a giudicarli dai loro effetti, non porta-
rono punto il risultato che se ne attendea; poichè le
sociali condizioni invece che essere migliorate, furono appunto a cagione dei medesimi rese di gran
lunga peggiori. Basta infatti girare per poco lo sguardo attorno a noi, per conoscere in qual miserevole
stato versi la società, e a qual triste avvenire si
vada incamminando. I delitti che si succedono ai
delitti, l'ateismo che invade, l'immoralità che al-
laga e straripa, i suicidii divenuti omai quotidiani, i
popoli che furibondi si levano contro i governanti
tentando con ogni mezzo strappare il potere, i regi-
cidii frequenti, le sette che pullulano e armate di
pugnali e petrolio minacciano anarchie e ruine, l'odio
fra le diverse classi, le innumerevoli armate, gl'in-
sopportabili tributi sono lo spettacolo che oggidì presenta l'Europa, e dimostrano chiaramente qual ter-
ribile vulcano si covi essa sotto i piedi. A tanti mali
che da ogni parte ne incalzano, si sente vivo il bisogno di apprestare prontamente un rimedio; e legislatori e uomini di stato e filosofi fanno d'ogni
lor meglio per risolvere i gravi problemi, che sono
la causa e la ragione ultima della grande agitazione
sociale. Se non che a parer nostro male s'adoperano
costoro e a niuno intento giungeranno, finchè non si
provino ad estirpare il male dalle sue radici; e ricer-
cate le cause che dieron luogo agli sconcerti che
deploriamo, quelle si studino di rimuovere, onde sia
assolutamente tolta di mezzo la fonte donde scaturi-
scono. Ora se ci facciamo bene a riflettere, ci accor-
geremo facilmente che le cause delle sociali pertur-

bazioni non sono diverse da quelle che generano i morali disordini nell'individuo, i quali d'ordinario provengono dal guasto che è nelle idee e nella ragione; poiché la volontà movendosi sempre secondo la ragione, se la volontà e l'operazione sono guaste, d'uopo è che prima si sien già guaste le idee e la ragione. Lo stesso avviene nella Società, i cui mali debbonsi perciò in ultima analisi ripetere dalle ree dottrine e dalla falsa scienza che domina in essa. E la rivoluzione francese infatti, che come accennavamo scosse così potentemente il civile consorzio, non fu che il risultato dei principii e delle teoriche che la Scienza avea promulgate; furono gli errori dei filosofi e dei pensatori come Voltaire, Rousseau ed altri della loro scuola, che insinuatisi nelle menti di molti apparecchiarono quel grande cataclisma. Non può dunque mettersi in dubbio che nel pervertimento delle idee e dei principii sia riposta la cagion vera dei mali sociali. Nè può essere altrimenti, poichè la Società è naturalmente divisa in due grandi classi, l'una che si applica agli studii ed è composta degli uomini di scienza, magistrati ec., l'altra che si dà ai lavori manuali, al commercio ed alla industria; la prima opera ed influisce sul corpo sociale, l'altra ne riceve l'azione e la segue. Perciò è sempre la classe della *Intelligenza* che in fin dei conti dirige e governa la Società; laonde se vera e giusta sarà la scienza generalmente dominante, con verità e giustizia sarà governato il mondo, se la scienza sarà quella dell'errore e del pervertimento della giustizia, col disordine e colla ingiustizia procederà lo stato della Società.

Occorre quindi se vuolsi riparare ai mali della Società, riformare le idee in essa dominanti riforman-

do la scienza; e poichè fra le umane discipline base
e fondamento di ogni altra è la filosofia, quindi a
riformare la scienza filosofica devono esser diretti
massimamente gli sforzi degli studiosi. A questo im-
portantissimo intendimento mira la riforma degli studii filosofici iniziata dal Sommo Pontefice Leone XIII
richiamando ad onore la filosofia scolastica, e sopratutto la pura e sublime filosofia del grande Dottore s. Tommaso d'Aquino. Questo ingegno straor-
dinario, angelo piuttosto che uomo, illustrazione
splendida del genio Italiano che nelle filosofiche e
teologiche discipline meritamente deve dirsi il maestro di color che sanno, e che sovra gli altri come
aquila vola; luminare insigne della scienza che in
ogni tempo ha riscosso l'ammirazione ed il plauso di
tutti i dotti anzi dirò meglio di tutto il genere umano,
è veramente l'uomo suscitato da Dio ad illuminare
il mondo, nè solo in un limitato spazio di tempo,
ma in ogni epoca e in tutti i secoli. Imperocchè la
sua dottrina come fu la luce fulgidissima che ri-
schiarò il Medio Evo, e fu l'arma tagliente che tutti
gli errori di quell'epoca ebbe rintuzzati e distrutti,
la è ancora al dì d'oggi, sendo la medesima efficа-
cissima contro qualsivoglia errore, cosichè niuno ve
ne ha anche dei più recenti che non trovi in essa
la sua confutazione, e non ne resti al tutto soggio-
gato; e però ragionevolmente è da concludere che
se si vuole restaurare la filosofia e un sicuro trionfo
sull'errore, è da far capo alle dottrine di Tommaso.
E questo che si dice della filosofia in genere, deve
dirsi eziandio in specie della Scienza Politica, che
della generale Scienza filosofica è parte importantissima; la quale pure dalle dottrine dell'Angelico
avrebbe assai bene a promettersi, anzi il suo vero

rinnovellamento ne conseguirebbe, ove quelle dottrine fossero seriamente studiate ed applicate.

A far rilevare pertanto quali sieno le teoriche di s. Tommaso in ordine al Diritto pubblico, e quali i suoi concetti intorno ai varii punti sù cui versa la Scienza Politica, è diretto il presente lavoro; e per giungere a tale scopo abbiamo ricavato dalle varie opere del s. Dottore i dettami e i principii che si riferiscono a materie politiche, e questi abbiamo insieme collegate in modo da costruirvi sopra le varie teorie che andremo man mano esponendo. Per dare pertanto un' ordinamento a tali dottrine in guisa da formarne un sistema scientifico, prenderemo le mosse dalla ricerca del concetto e della natura dello Stato, con la quale si viene a stabilire che cosa sia e in che consista lo Stato. Da ciò emergerà come la natura dello Stato esige che il medesimo abbia un fine, perciò si tratterà di questo fine ricercando quale esso sia e di qual genere ed importanza. Posto che lo Stato abbia un fine, ne segue che desso sia dotato di una attività per raggiungerlo, quindi la necessità di studiare cotesta attività, la quale però non potendosi esplicare se non mediante appositi organi, o in altri termini dovendo lo Stato essere costituito in modo da potere agire per il proprio fine, fà d' uopo prima di entrare a parlare dell' azione dello Stato, discorrere del suo organismo acconcio a questa azione; vedere cioè come lo Stato debba essere costituito per potere agire. Quì cade la teorica della Sovranità, perchè l' autorità sovrana è il vero e precipuo organo per cui agisce lo Stato, la quale teorica vien subito dopo quella del fine, colle varie questioni cui essa dà luogo, sia in quanto alla origine e fondamento del potere sovrano, sia in quanto alle sue forme. Esaminati gli organi dell'azione dello Stato, si passa a studiarla nelle funzioni in cui si esplica, ricercando quali e quante sieno tali funzioni, e determinando le norme da cui sono regolate. L'azione però dello Stato non essendo sola, ma incontrandosi coll'attività delle altre forze che esistono nel mondo morale, non deve essere illimitata, ma giungere fin dove è consentito dal libero svolgimento delle altre forze; e poichè di queste forze morali la principale e più importante nell'ordine naturale è l'individuo umano, è mestieri trattare dei limiti dell'azione dello Stato di fronte agli individui, il che importa la trattazione dei rapporti tra lo Stato e gl'individui, o dei rapporti fra l'autorità Sovrana e i sudditi, nella quale si stabilisce qual sia il limite del potere della prima, e la sfera di libertà lasciata ai secondi. Ma oltre l'individuo v'ha un'altra forza morale che pure si pone come limite all'azione dello Stato essendo il suo fine più nobile e più vasto, e questa è la Chiesa; e perciò dopo parlato dei limiti dell'azione dello Stato rispetto agli individui, conviene studiare gli stessi limiti rispetto alla Chiesa, donde il trattato delle relazioni fra lo Stato e la Chiesa. Ciascuna di queste trattazioni formerà l'oggetto di distinti capitoli, e in ognuna di esse faremo talune considerazioni e riflessioni che valgano ad illustrare il concetto propostoci dal s. Dottore; come pure brevi raffronti colle teorie del moderno Diritto pubblico, esaminando in che queste da quello si discostino, e da qual parte debba più favorevolmente propendere il giudizio della sana critica. Ed è appunto mediante cotale esame sulle teorie politiche di s. Tommaso e cotali raffronti col Diritto pubblico moderno, che noi ci siamo studiati di dimostrare, che anche in ciò che riguarda la Scienza

Politica, s. Tommaso è sempre il genio sovrano, il sommo maestro che si rivela nelle altre parti della Scienza; e che le sue dottrine ove fossero applicate, gioverebbero mirabilmente al benessere della civile e politica Società. Tale è il soggetto e la partitura del presente lavoro, che vivamente raccomandiamo alla benignità di tutti coloro de' quali avrà la ventura di venire trà mani.

CAPO PRIMO

Del Concetto e della Natura dello Stato

In ogni trattazione filosofica che s' incomincia, la prima ricerca è diretta a definire l' oggetto del quale è da discorrere. Tale esigenza non si verifica nelle Scienze Naturali, l' oggetto delle quali cadendo sotto il dominio dè sensi non ha bisogno di essere definito; ma nelle Scienze morali tale esigenza dà luogo ad importantissime questioni, che sono come a dire il sostrato e il fondamento di ciascuna trattazione. Imperocchè nelle Scienze morali il concetto di un' ente che forma il soggetto delle speciali ricerche di ciascuna scienza, racchiude in sè tutti quanti gli svariati elementi che sono esplicazioni dell' ente stesso, o riguardino il suo modo di esistere o il suo modo di agire; e dalla retta definizione dell' ente dipende le molte volte la spiegazione e la ragione di fatti che ad esso si riferiscono, i quali altrimenti resterebbero oscuri. Quindi è che la maggior cura si pone da' Filosofi nel definire l' oggetto del quale vogliono trattare, e quindi è altresì che intorno a tale definizione la più grande discrepanza di opinioni s' incontra, e sorgono mille dispute, perchè dalla definizione dipende l' indirizzo di tutte le teoriche successive. Ed è perciò che gli scrittori forzano spesse volte i concetti primi di ciò che forma oggetto del loro studio, per adattarli alle loro teorie; donde la molteplicità ed anche la confusione in concetti che per loro natura sarebbero semplicissimi. Abbiamo però un criterio per discernere il vero dal falso nella molteplicità dei sistemi che tanto tra loro si differenziano nel dare la nozione di una cosa, e questo criterio stà in ciò, che il concetto scientifico deve il più che si possa corrispondere al *senso comune*, alla maniera cioè di pensare di tutti gli uomini prodotta da un naturale ossia spontaneo ragionamento, a quella primitiva intellezione delle cose che ogni uomo ha in se e che niuno si ricorda d' avere acquistato da altri, ma che ci vien fornita dalla stessa natura: la Scienza deve raccogliere questa primitiva intuizione, deve chiarirla, deve svolgerla, quasi materia prima sulla quale esercitare il suo lavorio. Tale è il principio alla stregua del quale procederemo esaminando il concetto che s. Tommaso ci dà dello Stato.

Il concetto dello Stato di s. Tommaso viene desunto dallo scopo di esso. E ciò è in relazione colla teorica del medesimo s. Dottore, che cioè in tutte le cose le quali sono per un fine, la materia di esse cose è determinata secondo l' esigenza del fine: (Verit. q. 11, 4) (1) la natura della cosa è tutta conforme ed acconcia al fine, in guisa che il fine si rappresenta come la forma, la cosa come la materia. (1-2, q. 4, 4, c — q. 5, 7,

---

(1) Si avverta che tutte le citazioni dei testi di s. Tommaso si riferiscono alla Edizione Romana ordinata da s. Pio V.

c. — In quaes. disp. de Malo q. 2, 2, 5^m) Dal che si deduce che la nozione del fine è inseparabile dalla nozione della essenza della cosa a quel fine ordinata, al modo stesso che la nozione della materia è inseparabile da quella della forma. Laonde a giungere alla nozione dello Stato è d'uopo partire dal fine di esso; ed è questa appunto la via che tiene s. Tommaso. Seguiamolo attentamente nel suo ragionamento, quale ce lo fornisce nel Libro *De Regimine Principum*. (Lib. I cap. I) L'uomo, così egli, come animale ragionevole, intelligente, ha un fine da conseguire. Se questo fine egli potesse raggiungere da se medesimo, egli sarebbe re a se stesso e non avrebbe mestieri di alcuno umano consorzio, di alcuna civile o politica autorità. Ma tale non è la natura umana, chè l'uomo per conseguire il suo fine ha bisogno di talune condizioni, che non gli è dato trovare se non nella civile comunanza. La necessità pertanto del fine porta seco la necessità della umana società. Ma perchè la comunanza cogli altri uomini sia tale che l'uomo possa in essa trovare le condizioni pel conseguimento del suo fine, deve risultare da due elementi. Il primo è un elemento *materiale*, e consiste nella moltitudine o assembramento di uomini. La ragione di questo primo elemento stà in ciò, che l'uomo finchè vive sulla terra è soggetto ad un numero grande di bisogni, il soddisfacimento dei quali è quello che s. Tommaso chiama *sufficienza della vita*, epperò prima condizione pel conseguimento del fine è la *sufficienza*. Ora questa *sufficienza* non può altrimenti aversi se non nella comunanza d'uomini o società, come s. Tommaso dimostra con molti argomenti che noi non ripeteremo, chè la necessità del vivere sociale è tesi notissima, e niuno sul serio può contrastarla. La *sufficienza della vita* pertanto richiede il vivere sociale o la moltitudine; ma la moltitudine non può sussistere e molto meno apprestare ciò che è uopo alla *sufficienza della vita,* senza un'altro elemento cioè l'elemento *formale,* il quale consiste in un principio unitivo e direttivo che unisce ed organizza la moltitudine e la dirige al suo fine; il qual principio unitivo e direttivo altro non è se non quello che dicesi principio di autorità. Senza questo elemento non potrebbe sussistere la umana società, perchè *in diversa dispergeretur . . . . . sicut et corpus hominis, et cuiuslibet animalis deflueret, nisi esset aliqua vis regitiva comunis in corpore, quae ad bonum comune omnium membrorum intenderet.* Ecco pertanto la necessità di questi due elementi poggiata sopra la necessità del fine; essi perciò sendo indispensabili perchè possa aversi la Società a cui l'uomo è naturalmente ordinato, può ben dirsi che sono naturali all'uomo come naturale gli è il fine; ed è sotto questo riflesso che l'uomo con reminiscenza Aristotelica si definisce da s. Tommaso *animal sociale et politicum; sociale* in riguardo all'elemento materiale, *politicum* in riguardo all'elemento formale.

Sono questi gli elementi e per dir così le basi sù cui posa il concetto dello Stato in san Tommaso. A completarlo è d'uopo stabilirne le note caratteristiche e differenziali. Per giungere a stabilire queste note osserviamo, come san Tommaso seguendo Aristotele concepisce un sistema di fini l'uno organicamente subordinato e connesso all'altro, al quale sistema di fini corrisponde un sistema di bisogni egualmente organizzati, per sopperire i quali gli uomini si trovano organizzati in differenti società; onde al sistema dei fini corrisponde il sistema dei bisogni, e a questo il sistema delle comunanze o società. Lo Stato è una società la quale risulta dal complesso organico di altre società, ciascuna delle quali offre le condizioni pel soddisfacimento di un certo numero di bisogni, sopperisce in una data misura alla umana insufficienza; e ciascuna è tanto più perfetta, quanto è più prossima alla completa soddisfazione di tutti gli umani bisogni, cioè alla *sufficienza della vita*. Con tale criterio l'Angelico distingue tre società, *domus* cioè là famiglia, la *civitas* e il *regnum*, ciascuna delle quali soddisfa a speciali bisogni ed ha un fine particolare. « *Domus*, così egli (In Evang. Matth. cap. 12) *est comunitas consistens in his per quos fiunt communes actus, et ideo consistit in triplici coniugatione, ex patre et filio, ex marito et uxore, ex domino et servo. Comunitas civitatis omnia continet quae ad vitam, hominis sunt necessaria, unde est perfecta comunitas quantum ad mera necessaria. Tertia comunitas est regni, quae est comunitas consumationis. Ubi enim esset timor hostium, non posset una civitas per se subsistere; ideo propter timorem hostium necessaria est comunitas civitatum plurium quae faciunt unum regnum.* » Questi concetti si trovano spiegati nel libro *De Regimine Principum* al cap. I lib. I ove in sostanza si dice: una prima *sufficienza* quella cioè che alle prime necessità della vita si riferisce, si trova nella società familiare, in quanto cioè alla nutrizione del corpo, alla generazione ed all'allevamento della prole, ed altri atti simili; per tutte le altre cose anche necessarie al vivere del' uomo la sufficienza si rinviene nella comunità che dicesi *civitas*, la quale perciò in ordine a tali cose è perfetta società. V' ha però un bisogno a cui neppure la *comunitas civitatis* può sopperire, ed è quello della difesa contro i nemici. A questo fine pertanto è necessario che le città sì riuniscano fra loro, e formino una più grande ed estesa società cioè il *regnum* o lo Stato, il quale soddisfa perciò a tutti i possibili bisogni ed è perfettissima società, onde colui che la governa è supremo reggitore, e antonomasticamente si chiama *rex*.

Da questa teorica del s. Dottore si raccoglie: 1° che

lo *Stato è naturale* all' uomo fondandosi sopra l'esigenza della *sufficienza* per raggiungere il proprio fine, quindi come all'uomo è naturale il suo fine, così gli è naturale lo Stato che presta le condizioni per conseguirlo; 2° che lo *Stato è un'organismo.* Noi torneremo più sotto a studiare la natura di questo organismo che è lo Stato; per ora ci basti osservare che esso è tale in quanto che come abbiam visto, non risulta da individui o da atomi sgregati, ma da altre associazioni inferiori ciascheduna delle quali è a sua volta organizzata, e che poi insieme si organizzano in un tutto che è lo Stato, trovando così la loro perfetta sufficienza. Il principio organizzatore estrinseco, (avendovene un'altro intrinseco come vedremo più sotto) è quello che dicemmo *elemento formale,* cioè il principio d'autorità, il quale riducendo ad unità lo Stato riduce eziandio ad unità tutte le inferiori società. Posti i quali principii, discende chiara la definizione dello Stato che s. Tommaso prende da s. Agostino: *Multitudo hominum in uno societatis vinculo colligata.*

Parrebbe però a prima vista non abbastanza esatta tale definizione, come quella che non ci dà la differenza specifica tra lo Stato e le altre società, essendochè ciascuna di esse come p. e. la famiglia può egualmente definirsi *multitudo hominum in uno societatis vinculo colligata.* Se non che si è già da noi osservato, che la differenza specifica fra lo Stato e le altre associazioni in questo consiste, che nello Stato si ha la completa *sufficienza* o totale soddisfazione di tutti i bisogni, mentre ognuna delle altre associazioni mira a soddisfare un bisogno particolare, e quindi nello Stato si ha la vera e propria *unità* delle varie comunanze. E questa differenza specifica si trova appunto nella definizione citata. In essa infatti è detto, che la moltitudine deve essere in UNO *societatis vinculo colligata,* deve cioè aversi un tal vincolo da costituire l'unità, il qual vincolo non si ha che nell'associazione dello Stato. Imperocchè esso è quello che forma la unità per eccellenza, senza di esso tutte le altre società sarebbero tanti elementi sgregati, esso è la essenziale condizione perchè tutte formino un sol corpo, quindi è nella parola *uno* che a nostro avviso è espresso il carattere differenziale del vincolo dell'associazione politica, con quella parola si vuole intendere il vincolo per antonomasia, quello senza del quale non può aversi la perfetta unità, e questo non è altro che il vincolo della società politica, dello Stato.

Tale è in s. Tommaso il concetto dello Stato; vediamone ora la *natura*, il che risponde alla dimanda: in che consiste la *Comunitas* dello Stato? In tale argomento il s. Dottore procede in prima starei per dire *per esclusione*, e confuta le teorie di Socrate e di Platone riferite da Aristotele, i quali volevano far consistere la comunanza politica in elementi *estrinseci*, nella comunanza cioè dei beni, delle mogli e dei figliuoli. (De Reg. Princip. lib. IV Cap. IV) Quanto alla comunanza delle mogli e dei figliuoli, essa è al tutto indegna della umana natura, e non ha quindi bisogno di essere confutata. Parla invece l'Angelico dell'altra sorta di comunanza, quella dei beni. (De Reg. Princip. lib. IV cap. V). In ordine a questa è da osservare che quantunque s. Tommaso ritenga la comunione dei beni essere di diritto naturale, e la loro distinzione non essere che di diritto delle genti, (1-2, q. 57, 3, 0, et q. 66, 2 ad 1^m) ciò non di meno avuto riguardo alle condizioni della corrotta natura dell'uomo che sì d'ordinario si lascia dominare dalla cupidigia, e per la smania del possedere suole trascendere a risse e gravi dissensioni verso i suoi simili, afferma non potersi desiderare nè ammettere una tal comunanza, come quella che si oppone alla conservazione ed al benessere della civile società. In quel modo infatti che nel corpo dell'uomo v'hanno diverse membra più o meno nobili e atte a diverse operazioni, così nell'umano consorzio v'hanno diversi ordini e gradi sociali distinti fra loro, ma che però possono insieme armonicamente coesistere e formare un sol tutto, in quanto sono uniti nel vincolo sociale che è la pace. Ma questa pace non si avrebbe, ed invece continui litigi sorgerebbero se i beni e le ricchezze non fossero distinte, e ciascuno non s'avesse il suo sul quale liberamente dominare senza che altri possa vantarvi diritto; al qual proposito s. Tommaso reca l'esempio di Abramo e Lot riferito nella Genesi, che ad evitare i litigii vollero distinte le loro possessioni; « *per quod habemus*, conclude, *quod inter cives expedit ad civitatem servandam, ipsorum divitias esse distinctas* ». Oltre a ciò come nelle cose naturali si osserva una certa ineguaglianza posta dalla Provvidenza, dalla quale ineguaglianza risulta poi una conveniente disposizione di cose tra loro differenti, che forma quella ammirabile armonia che è nel creato, così tra i varii elementi del corpo sociale è necessaria una tal quale disuguaglianza, cioè la disparità dei gradi e delle ricchezze, come nel corpo umano v'ha la disparità delle membra, e la maggiore o minore virtù e nobiltà in ciascuna di esse. (Ib. lib. IV cap. IX).

Non può adunque la natura del vincolo della comunanza civile consistere in cotesti elementi estrinseci, ma invece consiste secondo s. Tommaso in un elemento *intrinseco* che è pure un elemento *etico*, cioè l'amore «...... *omnia tamen unita in vinculo societatis, quod est amor suorum civium* ». (De Reg. Princip. lib. IV cap. IV). Tutti gli individui che compongono la società civile sono uniti da questa forza etica che è l'*amore*, e mediante questo amore reciproco trà cittadini si genera uno stato di armonia pel quale ciascuno dei membri tiene il suo posto, e tutta intera l'associazione riducesi ad unità, e quest'armonia dicesi *pace* « *Bonum autem et salus consociatae multitudinis est ut eius unitas conservetur quae dicitur pax* ». (De Reg. Prin. lib. I cap. II). La pace richiede per condizione essenziale l'armonia delle parti tra loro e col capo, in guisa che ciascuna stia al suo posto e adempia a' suoi doveri e sia soggetta al capo : « *pax est tranquillitas ordinis...... pax ergo in hoc est quod omnes sua loca teneant* ». (1-2, q. 70, 3, c.) Per avere questa armonia delle parti fra loro e col capo, è necessaria ai membri della comunanza una particolare virtù, per la quale stia ciascuno al suo posto e adequatamente adempia ai proprii doveri. Ma in quanto concerne i rapporti trà cittadini, questa particolare virtù la quale fà sì che i medesimi sien tratti ad unirsi reciprocamente, si rappresenta come *amore*, e la pace non è che l'effetto di questa virtù, o in altri termini dell'amore scambievole frà cittadini. (2-2, q. 29, 3, 4, o) Laonde la vera natura del vincolo sociale consiste in questa virtù o amore che deve esistere fra i membri della comunanza politica; (Virt. q. 1, 10, c. — q. 2, 2, c.) virtù che è ordinatrice di essi, e fà sì che tutti concordino tra loro e col capo. (De Reg. Prin. lib. IV, cap. II.) Con ciò si ha la pace e la perfetta unità , per la quale la radunanza di uomini si rappresenta come un solo uomo, e coloro che sono preposti ai diversi officii si rappresentano come membra di uno stesso corpo. (1-2, q. 1,8).

Questo amore dal quale nasce siffatta unità, è un particolare amore che s. Tommaso designa col nome di *amicizia*. E questo amore è l'elemento unitivo di tutte le minori comunanze, che insieme consociate formano lo Stato. Però a seconda delle diverse comunanze questo amore è diverso, e come v'hanno quattro sorta di comunanze, la naturale cioè, la domestica, la civile e la divina, così v'hanno quattro sorta di amicizie. (In 3 Sent.

d. 27, q. 2, 2, c.) Ma questi speciali vincoli che costituiscono le parziali comunanze, si estendono poi a legare
le varie comunanze frà loro, sicchè le particolari *amicizie*
si allargano in una universale amicizia che lega tutti gli
uomini come individui, e le riunioni d'individui insieme
consocia nel gran tutto che è la politica Società o lo
Stato, che da questa amicizia appunto ripete la sua unità
e quindi la sua salvezza. Laonde questo amore ha una
funzione organizzatrice dei varii elementi del corpo sociale, ne forma il nesso, e costituisce quello che noi diremo principio organizzatore *intrinseco*, per distinguerlo
dall'altro che chiamammo *estrinseco* che è il principio di
autorità, pel quale pure riducesi ad unità la Società. La
natura adunque della politica associazione o dello Stato,
consiste nell'amore o amicizia fra gl'individui che lo
compongono, consiste quindi in un'elemento *intrinseco* e
di natura *etica*.

Riepilogando ora il fin qui detto, e volendo determinare il carattere dello Stato in s. Tommaso, carattere che
si determina dalla sua *natura* e dal suo *concetto*, possiamo
asserire che lo Stato per s. Tommaso è un *organismo
etico*. Il concetto di organismo nelle Scienze morali si
prende per analogia dal mondo fisico. In questo l'organismo presuppone un sistema di elementi in guisa legati
tra loro, che l'essere e l'azione di ciascuno è condizione
dell'essere e dell'azione di tutti gli altri, e la vita del
tutto o del complesso di questi elementi è subordinata
alla perfetta condizione di essere e di agire delle parti.
Questo concetto dell'organismo che si desume dal mondo
fisico, si può bene applicare al mondo morale. Il mondo
morale ci si presenta come un sistema di forze che agiscono per determinati fini. Ogni fine è legge la quale
determina le forze che si dirigono a quel fine; laondè
più forze che si dirigono ad uno stesso fine, s'identificano

nella loro attività. Imperocchè parecchie forze singole in
quanto sono dominate dalla medesima legge ed hanno
per obbietto lo stesso fine, agiscono nello stesso modo,
e si affermano come una sola forza, con una sola azione
diretta ad un solo fine. Così il fine organizza le forze
singole. Ma v' ha un sistema di fini l' uno subordinato
all'altro; quindi le forze così organizzate che si rappresentano come un sol tutto, sono una sola forza, la quale
alla sua volta in quanto forza complessa ha un fine più
elevato ed esteso di quello che aveano le singole forze,
al qual fine più elevato tendono pure altre forze anche
esse complesse. Quindi al sistema e all' organismo dei
fini corrisponde il sistema e l'organismo delle forze. Però
notisi quanto è diversa la organizzazione delle forze che
compongono il mondo morale, da quella delle cose materiali e prive di cognizione, le quali come dice l'Angelico,
potius aguntur quam agunt. (1-2, q. 1, 2, o) Imperocchè
tale è la natura delle forze morali, che ciascuna di esse
è cosciente del suo fine e lo vuole liberamente, in modo
che quando più forze sono organizzate, in tanto lo sono,
in quanto convengono nella medesima coscienza del fine
e nella medesima volizione di esso; cosicchè in ultima
analisi ciò che costituisce l'organismo delle forze morali,
è la unità di pensiero, e la unità di azione. (1)
    Il concetto delle forze così organizzate importa una
doppia relazione, cioè delle parti col tutto e delle parti
tra loro. Quindi è che il pensiero e l'azione delle singole
forze morali si riferisce al tutto organizzato e alle forze
tra loro; onde è che le forze morali pensando e volendo
il medesimo obbietto dal che risulta l' organismo, pen-
sano e vogliono altresì il rapporto che corre tra loro,

----

(1) Vedi Taparelli Saggio di Dir. Nat.Diss. II, cap. 1, n°. 304.

onde la loro unione risulta da un incontro libero e cosciente di pensieri e di voleri.

Tale è l'organismo che si ritrova nello Stato, secondo
il concetto che ce ne dà s. Tommaso. Imperocchè i diversi elementi che compongono la *comunitas* dello Stato
o *regnum,* sono uniti tra loro dal vincolo della comunanza
di scopo che è il bene comune, (2-2, q. 58, 9, 3^m) al
quale tendono tutti colle loro operazioni. Però mentre
procurano il bene della comunanza o del tutto, procurano il bene di ciascuno di essi in particolare, e ciò
per la relazione che è fra il bene proprio ed il comune,
per la quale il bene proprio è condizione pel bene comune e viceversa. (2-2, q. 47, 10, 2^m) Ora questa intima relazione che è fra il bene proprio ed il comune,
ossia fra questi due scopi, produce di necessità analoga
relazione tra l'attività delle parti e quella del tutto; relazione per la quale le parti sono indotte a mettere in
armonia la loro attività con quella del tutto, donde avviene *ut omnes sua loca teneant*, dal che risulta la pace.
(1-2, q. 70, 3, c.) E la pace essendo *effectus caritatis*,
(2-2, q. 29, 3, 4, o) l'organismo dello Stato ha la sua
base in questa *caritas* che ha il nome particolare di *amicizia*, quindi la colleganza delle parti tra loro e col tutto
consiste nell'amicizia; ed ecco come il concetto dello
Stato in s. Tommaso è quello di un'organismo nel vero
senso della parola, sia per la intima relazione che è fra
il fine del tutto e il fine di ciascuno degli elementi di
cui è composto, sia per il nesso per cui questi elementi
sono tra loro legati. Siffatto organismo si trova dapprima
nelle inferiori associazioni con particolari scopi come la
familia e la *civitas,* e si ritrova poi nella più grande associazione del *regnum,* nella quale quelle minori associazioni si trovano unite organicamente in un fine più elevato, che non era il loro fine particolare.

Ma noi dicemmo altresì che la natura dello Stato in s. Tommaso si è quella di un'*organismo etico*. La natura dell'organismo è determinata da quella de' suoi elementi, e dal nesso che fra loro li unisce. Ora sia che consideriamo gli elementi, sia che consideriamo il nesso pel quale risulta l'organismo dello Stato in s. Tommaso, negli uni e nell' altro ci vien fatto trovare la natura etica. L'uomo infatti in quanto pensa e conosce sè stesso, il suo fine, le sue operazioni, in quanto liberamente elegge e vuole il suo fine e le sue operazioni, ha quella che dicesi *natura etica*, è una forza *etica*. L'unione quindi, la comunanza di uomini presa ne' suoi ultimi elementi che sono gli individui umani, risulta da elementi etici. Ma l'uomo conserva e porta la sua natura in tutte le forme della sua esistenza, quindi allorchè l'uomo da individuo passa ad essere collettivo, la collezione di uomini avrà anche essa la natura etica. Gli elementi perciò dello Stato, individui, famiglie, città, sono elementi etici, e lo Stato stesso ha la natura etica. E se etica è la natura degli elementi, tale è pure quella del nesso che li unisce. Per s. Tommaso infatti come abbiamo veduto, questo nesso consiste in una attività etica per essenza, quale è l'amore o amicizia risultante dalla identità di pensieri e di voleri nelle forze etiche che hanno lo stesso fine; e perciò anche in riguardo al nesso la natura dello Stato in s. Tommaso è etica. Alla domanda adunque che ci eravamo proposti, in che cioè propriamente consistesse la natura della *Comunitas* politica o dello Stato, possiamo ragionevolmente rispondere che consiste in un organismo etico; la qual natura dello Stato è poi tutta conforme al suo fine, che come vedremo a suo luogo è etico anche esso, conforme al dettato precedentemente enunciato, che la natura di una cosa si determina secondo l'esigenza del fine.

Le sopradette teoriche sul concetto e sulla natura dello Stato non sono già originali di s. Tommaso, ma egli le prende da Aristotele. Così ne prende il principio e la ragione per cui gli uomini si uniscono in società, cioè la sufficienza, che Aristotele chiama *bisogno dell'Autarchia*. (Arist. Polit. III. 4, 7.) Di Aristotele è pure il concetto organico dello Stato come risultato organico di altri minori organismi; organismo di comunanze rispondente ad un'organismo di fini, e il vincolo d'unione è anche per Aristotele l'*amicizia*, che a seconda delle varie comunanze assume diverse forme. Ciò che è tutto proprio di s. Tommaso si è questo, che mentre lo Stato in Aristotele ha ragione di fine, perchè in esso raggiungesi il fine ultimo che è la *perfetta autarchia,* in s. Tommaso invece lo Stato ha ragione di mezzo, perchè in esso raggiungesi bensì la completa sufficienza, ma questa serve pel raggiungimento di un fine superiore ed ultramondano. Così s. Tommaso partendo dal principio fondamentale Aristotelico sul concetto dello Stato, vi ha aggiunto soltanto ciò che era necessaria conseguenza dei principii del Cristianesimo.

Il Concetto dello Stato in s. Tommaso come organismo etico ci conduce a fare importanti osservazioni e raffronti colle moderne teoriche politiche. Anzi tutto osserviamo come tale concetto risponda egregiamente a quel significato che dal senso comune si attribuisce alla parola *Stato.* Difatti la idea più naturale e spontanea che chiunque benchè idiota si forma dello Stato, non è altra che quella di una moltitudine di uomini ordinata con un principio di autorità. Ora questa idea appunto è quella che esprime l'Angelico definendo lo Stato: *multitudo hominum in uno societatis vinculo colligata;* poichè per questa unità vuole intendere quella che nasce dall'autorità Sovrana, principio unitivo del corpo sociale, e che costituisce l'elemento *formale* del concetto dello Stato. E se è vero, come è verissimo, che i concetti filosofici devono corrispondere ai dettami del senso comune, nè discostarsi dalla piana e semplice interpretazione delle cose, potremo inferire che giustissimo sia il concetto dell'Aquinate, come quello che riproduce in tutta la sua natia semplicità l'idea dello Stato, quale dalla universalità degli uomini viene naturalmente intesa.

Ma inoltre tali teoriche ci appariranno al tutto degne di ammirazione, allorché si considerino le prattiche conseguenze che dalle medesime discendono. Uno Stato quale è quello di s. Tommaso, che fondasi sopra l'armonia e la pace di tutti gl'individui consociati, e che trova le condizioni della sua esistenza nel reciproco loro amore, non v'ha dubbio sia il più perfetto tipo di politica comunanza che umana mente può concepire. Imperocchè è dalla perfetta concordia fra gli individui consociati, che dipende il perfetto adempimento dei fini dello Stato. A quella guisa che nell'uomo individuo la perfezione consiste nel giusto equilibrio ed armonia fra le sue potenze e facoltà, così nella società di uomini la perfezione stà nell'armonia fra' suoi membri: senza questa è assolutamente impossibile che la medesima possa adempiere ai suoi fini, pei quali appunto richiedesi stabilità ed armonia; nè gl'individui stessi potrebbero conseguire i loro fini particolari, poichè un giusto ordinamento ed *armonia* deve esistere fra gli individui, affinchè sia possibile la loro coesistenza, e il reciproco esplicamento delle loro attività avvenga senza collisioni. Questa legge di armonia indispensabile e per la società e per gli individui, costituisce anche pel Kant il fondamento del suo concetto dello Stato; ma fra la teoria dell'Aquinate e quella del Kant è disparità somma, quantunque comune sia il punto di partenza. Imperocchè Kant ponendo a fondamento dello Stato solamente la legge della coesistenza, restringendolo

ad essere un freno delle singole libertà individuali affinchè l'una non turbi l'altra, ne dà un concetto al tutto
negativo dicendolo *tutela delle libertà coesistenti*: le sue funzioni si riducono alla coercizione, e lo Stato e l'individuo
si rappresentano a vicenda come qualcosa di ostile, *l'un
contro l'altro armato*. Così il concetto politico è di gran
lunga abbassato riducendosi ad un concetto meccanico,
laddove in s. Tommaso si ha il concetto più elevato che
dar si possa dello Stato, quello cioè di un *tutto etico ;*
l'*unità* dello Stato in s. Tommaso, l'armonia fra' suoi
membri risulta da una unione morale d'individui, dal-
l'armonia de' loro pensieri e voleri, mentre in Kant
l'unione è il risultato della fatale necessità del coesistere;
in altri termini l'unione è materiale e meccanica. Oltre
di che è da osservare ancora come la teorica dell'Aquina-
nate sul vincolo etico che lega i membri della comunanza, risponda a meraviglia alla natura dell'uomo, poichè
la natura morale dell'uomo non può legarsi se non da
vincoli anche essi morali; qualsiasi altro vincolo di altra
natura sarà un vincolo estrinseco, e l'unione che ne risulta sarà una unione forzata e non duratura, molto più
poi quando come nel concetto di Kant questo vincolo
unisce forze, ciascuna delle quali per naturale impulso
deve tendere a paralizzare l'altra.

La diversità delle due teoriche deve di necessità condurre alla diversità delle loro prattiche conseguenze, l'osservazione delle quali porrà come il suggello alla dimostrazio-
ne della rispettiva bontà dei due sistemi. La dottrina di Kant
fu tradotta in pratica dalla Rivoluzione Francese: la libertà
umana non si considerò più come una forza atta al conseguimento del fine, ma si considerò essa stessa come fine;
allo Stato non si riconobbe altro ufficio che quello d'impedire l'urto delle libertà individuali, e lo si ridusse ad
esercitare le funzioni di *gendarme*. Le conseguenze furono

quali doveano essere: posta a principio e fondamento di ogni cosa la libertà, questa non conobbe più limiti e si convertì in licenza. Si vide nel compito dello Stato un carattere odioso e nello Stato stesso una potenza ostile, si abbassò il concetto dell'autorità Sovrana, che perduto ogni morale ascendente, si vide presto conculcata; i popoli affermarono come un diritto il ribellarsele, e si cadde nell'anarchia. Non più ordini sociali, ma si volle onninamente disciogliere l'organismo della società, gl' individui si considerarono come atomi sgregati e solo fortuitamente e meccanicamente riuniti dalla necessità, ciascuno dei quali cercava di sopraffar l' altro; e la stessa famiglia, questo primo organismo che in sè riproduce per quanto in minori proporzioni l' organismo dello Stato, fu fatta segno all'azione distruggitrice della rivoluzione; si mosse guerra al matrimonio che nelle nuove teorie e costumanze introdotte fu avvilito, annientato, con che la famiglia fu minata nella sua base; e per quella relazione che è fra la famiglia e lo Stato, distrutta la famiglia, ne venne di conseguenza la distruzione dello Stato. A tali effetti condusse il sistema atomistico, che disorganizzò la Società cercando ricostituirla sopra basi false e materiali; e questi effetti abbastanza luminosamente giudicano il sistema, e dimostrano d'altra parte come la vera teorica sociale è quella che costituisce lo Stato sopra le sue basi naturali e morali, cioè sull' associazione etica degli uomini, quale si è appunto la teorica di s. Tommaso. In questa infatti gli uomini veggono nello Stato la condizione del loro benessere, riconoscono nell'autorità l'elemento che rende possibile l'esistenza dell'associazione, e gli uomini stessi sono condotti ad associarsi non da una fatale necessità, ma dalla loro stessa natura; lo Stato non è più un freno odioso alla libertà umana, ma è l'amico di essa che la dirige al bene, e provvede quanto nell'ordine naturale fà di bisogno, perchè l'uomo possa giungere al compimento de' suoi alti destini. Di quì l'armonia tra i membri della comunanza politica, che tutti volenterosi assoggettansi al potere costituito, onde è tolta ogni ragione di lotte intestine, mentre un vincolo d'affetto lega i sudditi al potere sovrano. E noi crediamo che sieno questi principii, che una volta entrati e diffusi nelle masse de' popoli, farebbero cessare quei turbolenti rivolgimenti e quelle continue agitazioni, che da gran tempo inquietano le civili nazioni, foriere di ancor più luttuose vicende per gl'individui e per la Società.

CAPO SECONDO

Del fine dello Stato.

———

La trattazione che succede immediatamente a quella del concetto dello Stato, è quella del *fine* di esso; perchè dopo aver risposto alla dimanda : che cosa è lo Stato? viene subito l'altra : perchè esiste lo Stato? Questa ricerca è intimamente connessa alla precedente, perchè come abbiamo notato, il concetto dello Stato in s. Tommaso si desume in ordine al fine, essendo la *Comunitas* un portato della esigenza del fine: quindi come è il fine che completa la nozione dello Stato, così la teorica che ora cominciamo può dirsi a buon diritto il complemento di quella che abbiamo trattata. Vediamo adunque in che precisamente s. Tommaso riponga il fine dello Stato.

Tale ricerca risolvesi in altre due, poichè occorre anzi tutto vedere se lo Stato ha un fine, e dimostrato che l'abbia, si cercherà quale esso sia. E che lo Stato abbia un fine, è conseguenza della sua stessa natura; perocchè essendo etica la natura dello Stato in s. Tommaso, la natura etica importa l'elemento della intelligenza e quello del volere, dai quali si genera l'azione, la quale non può essere che per un fine, « *agens per intellectum cuius est manifeste propter finem operari* » (De Reg. Prin. lib. I. cap. I.) Onde è che in coerenza a questi principii l'Angelico insegna, che l'uomo perchè forza etica tutto ciò che fà, il fà per un fine, (1-2, q. 1, 1, 2^m) e però anche lo Stato che come uomo complesso ha la stessa natura dell'uomo singolo, avrà un fine pel quale agire. La natura adunque dello Stato esige che esso abbia un fine; dobbiamo quindi ora esaminare quale sia questo fine.

Nella questione del fine dello Stato si ritrova il carattere fondamentale e differenziale della filosofia politica cristiana, il quale consiste nel concepire il fine dello Stato come fine secondario e subordinato a quello dell'individuo. Nell'antichità Greca e Romana lo Stato era fine a sè stesso, gli uomini non vivevano che per lo Stato; tutti gli sforzi dell'attività individuale doveano esser diretti al bene ed alla prosperità dello Stato, l'individuo dovea completamente sacrificarsi allo Stato. La rivendicazione della individualità, il suo rielevamento da questa condizione di totale assorbimento si deve al Cristianesimo. Fu questo infatti che predicò esservi un fine ultimo che non è sù questa terra, fine ultimo che deve dall'uomo conseguirsi colle sue buone opere e perciò con la sua attività individuale; si riconobbe quindi uno scopo più elevato di quello dell'associazione politica, e l'azione dell'individuo verso di esso scopo si considerò superiore a quella dello Stato. In questo ordine d'idee la comunanza politica degli uomini non deve avere altro scopo, che quello di prestare le condizioni perchè l'azione individuale sia agevolata.

S. Tommaso ci presenta questi medesimi concetti rivestiti di forma scientifica. Il fine dello Stato è fine secondario subordinato ad un fine primario. A ciò meglio intendere, è uopo considerare che s. Tommaso concepisce un' ordinamento di fini l' uno all' altro subordinato, al quale corrisponde un ordinamento di agenti. (1ªq. 116, o — Cg. 3, c.° 109 — Verit. q. 21, 1, 1ᵐ — Mal. q. 1, 1.) L'ordinamento dei fini consiste in ciò, che il fine dell'agente primario è fine ultimo di tutti i secondarii agenti, (Cg. 3, c.° 25, 7ᵐ— Mal. q. 1, 1.) e i fini degli agenti secondarii sono tutti ordinati al fine del primario, (3.° Sent. dis. 23, q. 3, ar. 1, q. 1) in modo che i fini sono l'uno all'altro subordinati, e tutti sono subordinati al fine ultimo. A questo ordinamento dei fini corrisponde l'ordinamento degli agenti, perchè ciascuno agente ordina il suo effetto ad un fine; (1-2, q. 109, 6, c. — 2 Sent. dis. 38, 1, c. — Cg.3, c.° 17, 6ᵐ — Mal. q. 1, 1.) e poichè ogni agente ha una particolare e speciale azione, così all' ordinamento degli agenti corrisponde pure un ordinamento delle azioni, pel quale le azioni degli agenti secondarii sono tutte ordinate all'azione dell'agente primario. (3 Sen. dis. 23, q. 3, ar. 1, q. 1, c. — 4.° dis. 11, q. 1, ar. 3, q. 1, c.). V'ha adunque un'ordinamento di fini, di agenti e di azioni respettivamente subordinate, una gerarchia od *architettonica* quale era stata già concepita da Aristotele; (Eth. Nic. I, 1, 4-8) fà d'uopo quindi vedere qual posto occupi in questa gerarchia il fine dello Stato.

L'ordinamento dei fini fà capo al fine ultimo, il quale viene determinato dal s. Dottore col seguente ragionamento. Una cosa per avere ragione di fine è necessario sia un bene, perchè solo il bene può essere fine. (Cg. 3, c.° 16, 1ᵐ — c.° 17, 2ᵐ — Verit. q. 21, 2, c.) Ma il bene capace di essere ultimo fine dell'uomo non può essere un bene di questa terra, chè i beni terreni possono esser fine agli animali, non già all' uomo che è fornito di natura più elevata. (1-2, q. 5, 5, 2ᵐ — q. 91, 4, 0 — q. 109, 5, 3ᵐ — Cg. 3, c.° 147.) Perciò il fine ul-

timo dell' uomo dovrà consistere in un bene di ordine
superiore a quello delle cose terrene, in un bene capace
di appagare pienamente le aspirazioni della natura razio‐
nale dell' uomo; il qual bene non può conseguirsi in
questa vita ma nell' altra, e la fede ne ammaestra qual
sia questo bene, cioè la visione e il godimento della di‐
vina Essenza. (1-2, q. 3, 4, c — 2-2, q. 164, 1, 1^m.)
Se non che il conseguimento di questo ultimo fine pre‐
suppone il conseguimento di fini subordinati; imperocchè
per arrivare alla *fruitio Divina* è necessaria la *bona vita*,
cioè *vivere secundum virtutem ;* (De Reg. Princip. lib. I,
cap. XIV) e questo che parrebbe fine al tutto individua‐
le sendo la virtù cosa che unicamente riferiscesi alla vita
morale degli individui, diventa fine sociale in questo
senso, che la *bona vita* richiede per sua condizione la
società politica, senza la quale si rende essa affatto im‐
possibile ad attuarsi. Due cose infatti servono a costi‐
tuire la *bona vita*, cioè *l'operari secundum virtutem*, e la
corporalium bonorum sufficientia, (De Reg. Princip. lib. I,
cap. XV) ed ambedue queste cose si hanno mediante
l'associazione politica o lo Stato. In questo si addestrano
gli uomini alla virtù mediante le leggi, scopo delle quali
è appunto rendere virtuosi gli uomini inducendoli alle
buone opere e ritraendoli dalle malvagie. (1-2, q. 92,
1, 0 — q. 96, 2, 2^m — q. 107, 2, c — 2-2, q. 122,
1, 1^m). La sufficienza poi dei beni temporali non si può
avere che nella società come abbiamo già osservato par
lando del concetto dello Stato; la società adunque e spe‐
cialmente la società politica o lo Stato che è la più perfetta
forma di civile associazione, è condizione principalissima
per conseguire la *bona vita*. Se è pertanto *ut simul bene
vivant* che gli uomini fra loro si collegano, fine di tutte
le umane associazioni e quindi anche dello Stato è la
bona vita risultante dai due suddetti elementi, che in

prattica traducesi ·nel *vivere secundum virtutem*. Ciò insegna il s. Dottore: « *Ad hoc enim homines congregantur ut
simul bene vivant, quod consequi non posset unusquisque sin
gulariter vivens. Bona autem vita est secundum virtutem. Virtuosa igitur vita est congregationis humanae finis.* » (De Reg.
Prin. lib. I cap. XIV) Ma il *vivere secundum virtutem*
non è che un fine subordinato, poichè per esso l'uomo
giunge al suo ultimo fine la *fruizione Divina*, quindi il
fine dello Stato non è che un fine subordinato a quello
dell'individuo.

Questo fine subordinato rispetto all'individuo, considerato rispetto allo Stato stesso è il suo vero e proprio
ultimo fine. E di vero perchè sia possibile l'*operari secundum virtutem* e la *bonorum sufficientia*, è necessario che
la *Comunitas* sia tale nella sua organizzazione da poter
prestare queste condizioni per la *bona vita*, sia cioè una
perfecta comunitas. Ma per avere la *perfecta comunitas* è necessaria l'armonia tra i membri della comunanza e fra
essi e il capo, il risultato della quale armonia è la *unità*
della moltitudine che dall'Angelico si chiama *pace*. (De
Reg. Prin. lib. I cap. II) Lo scopo adunque immediato
e diretto dello Stato pel quale si rende possibile l'attuazione del suo scopo subordinato della *bona vita*, è la
propria unità o pace, essendo questa la indispensabile
condizione del *vivere secundum virtutem*. Questo deve es-
·sere il fine del buon principe, (Ib.) a questo devono
tendere le leggi, (In Quol. 12, 25, c.) e in questo consiste il *bonum comune* che deve essere la meta di tutti gli
sforzi dell'autorità còstituita nello Stato. (De Reg. Prin.
lib. I, cap. II) La unità però dello Stato, la sua pace
richiede una speciale virtù in coloro che sono membri
della comunanza, cioè quella virtù che fa il buon cittadino; (Virt. q. 1, 10, c — q. 2, 2, c.) quindi le leggi
hanno questo scopo immediato e diretto di formare gli

3

uomini a questa particolare virtù, per la quale si ha il
civile benessere, che è la unità e la pace della associazione. (1-2, q. 92, 1, o — 2, 4^m — Cg. 3, c.° 116, 2^m et
3^m — Rom. 10, lect. 1, me.°) Laonde il fine dello Stato
è il risultato di altri fini più speciali, che fra loro s'in-
tegrano reciprocamente in questa maniera: la *sufficienza*
e l'*operare secondo virtù*, che sono il suo vero e proprio
fine in ordine agli individui, la *pace* condizione essenziale
senza la quale non può aversi la *sufficienza*, la *virtù* in
senso speciale senza la quale non può aversi la pace.
Ma questi particolari fini sono tra loro legati in guisa
che l'uno è condizione dell'altro, e tutti sono condizione
pel raggiungimento dell'ultimo fine dell'uomo.

Da ciò si ricava che il fine dello Stato è per s. Tommaso la *bona vita*, che consiste nell'*operari secundum virtutem* e nella *corporalium bonorum sufficientia;* (De Reg. Prin.
lib. I cap. XIV) fine questo subordinato al fine ultimo
dell'individuo cioè *per virtuosam vitam pervenire ad frui-
tionem divinam,* cosicché finalmente lo Stato tende al fine
stesso dell'individuo. Lo Stato però raggiungendo questo
fine subordinato rispetto agli individui, raggiunge l'altro
che è suo fine immediato e diretto, cioè la sua unità
o *pace*.

È necessario ora concretar meglio questo fine dello
Stato testè enunciato. La *sufficientia* viene da s. Tommaso
determinata nella soddisfazione di tutte le necessità della
vita; la quale quantunque sia vero che possa ottenersi
nella *civitas*, ciò non di meno alla difesa contro i nemici
non potrebbe da sola bastevolmente provvedere ciascuna
città, e però è necessario che le città stesse si riuniscano
fra loro formando l'associazione dello Stato o *Regnum*,
nel quale perciò si ha la soddisfazione di tutti i bisogni,
compresa di più la tutela contro i nemici. « *Comunitas civitatis omnia continet quae ad vitam hominis sunt necessa-*

ria......propter timorem hostium necessaria est comunitas civitatum plurium quae faciunt unum regnum. » (In Evang. Matth. cap. XII) A questo che è il primo elemento della *bona vita,* tiene dietro l'altro del *vivere secundum virtutem;* bisogna quindi investigare come debba intendersi la *virtuosa vita* che il s. Dottore pone a fine dello Stato. Noi abbiamo già accennato come s. Tommaso concepisca una speciale virtù, (Virt. q. 1, 10, c — q. 2, 2, c) quella cioè del buon cittadino, dalla quale nasce l'armonia fra i membri della comunanza politica e quindi la pace. Questa virtù che potremmo chiamare *relativa,* è distinta dalla virtù *assoluta,* quella cioè che consiste nell' abito morale di pratticare il bene assoluto. È quindi da vedere, se la prima o la seconda di queste due specie di virtù abbia in vista l'Angelico, e da' numerosi passi del s. Dottore a noi sembra poter rilevare che la prima di queste due specie, la virtù in senso *relativo,* quella speciale virtù cioè che fà il buon cittadino e che è necessaria agli individui consociati perchè la lor comunanza possa sussistere, sia quella che s. Tommaso vuole intendere nel *vivere secundum virtutem,* e sia il fine immediato e diretto dello Stato; la virtù in senso *assoluto* non ne sia che il fine mediato e indiretto. E ciò è conforme al principio già osservato, che lo scopo dello Stato è uno scopo tutto subordinato, essendo il fine ultimo fine tutto individuale, che ciascun' uomo deve raggiungere di per sè colla sua individuale attività. La virtù quindi per la quale l'uomo raggiunge il suo ultimo fine, cioè la virtù in senso *assoluto* sfugge al compito dello Stato, ed è fuori della sfera di azione di esso, perocchè dirigere l'uomo al suo ultimo fine della *fruizione divina* non è della virtù umana ma divina, quindi non del regno umano ma divino, cioè della Chiesa e del Sacerdozio. (De Reg. Prin. lib. III, cap. III)

Legittima conseguenza pertanto di tali principii si è ciò che s. Tommaso asserisce intorno all'obbietto delle umane leggi e dei civili legislatori. Così egli insegna, che mentre la legge divina ha per suo fine l'eterna beatitudine, la Legge umana ha per fine la tranquillità e la pace della città; (1-2, q. 98, 1, c — q. 100, 2, 5, c — 2 Sent. d. 9, 3, c — 3 Sent. d. 37, a. 2, q. 2 prin.° — In expos. sup. Psalt. 18, me.° c — Metaphys. 2, lect. 5, me.°) la legge civile intende all'amicizia che deve esser tra cittadini per la loro coesistenza nello Stato. (1-2, q. 99, 2, 3, c — q. 100, 2, 5, c — Opus. 73, c.° 5) E precisando meglio questo fine immediato e diretto delle Leggi che emanano dalla politica autorità, dice il s. Dottore che proprio effetto di esse leggi è quello di indurre i sudditi ad PROPRIAM *eorum virtutem*, alla loro virtù propria, a quella cioè del buon cittadino, (1-2, q. 92, 1, o — 2, 4^m — Cg. 3, c.° 116, 2^m et 3^m — Rom. 10 lect. 1, me°) e che la Legge umana questo considera *prout ordinantur homines inter se.* (Opus. 73, c.° 5) Altrove afferma che mentre la Legge divina risguarda il giusto e l'ingiusto in ordine al fine della vita eterna, la Legge umana il considera solo in ordine al civile benessere, (Opus. 73, c.° 5) e le virtù che essa comanda, e i vizii che proibisce non sono tutte le virtù e i vizii contemplati dalla Legge morale, ma quelli soltanto che hanno rapporto col bene comune, (1-2, q. 93, 3, 3^m — q. 96, 2, 3, o — q. 100, 2, c) e il Legislatore appunto perchè intende al bene comune, solo sù quelle azioni impera, che concernono le relazioni degli uomini fra loro. (1-2, q. 90, 2, 3, 4, c — 98, 6, 2^m et 3^m — q. 100, 2, 8, c — 3 Sent. d. 37, a. 2, q. 2, 5^m — Verit. q. 28, 1, c — Ma. q. 13, 4, 6^m — q. 15, 2, 12^m) Questi passi ci dicono chiaramente, che la virtù a cui tendono le leggi e che è scopo immediato e diretto dello Stato, è la speciale virtù de' cittadini per

la quale sono ordinati in società politica; quell'abito cioè
di ben conformarsi ai doveri che ne impone il vivere in
società, che forma il buon cittadino, e per il quale è possibile il bene comune o la pace; la virtù cioè presa in
senso *relativo*. Però siccome questa virtù *relativa* ha per
proprio effetto la *pace,* (2-2, q. 29, 3, 4, o) la quale è
indispensabile condizione perchè gli uomini vivendo in
società possano per l'esercizio della virtù *assoluta* raggiungere il fine ultimo, quindi in linea subordinata e me-
diata, lo Stato nel mentre che procura ne' cittadini la virtù
relativa, procura indirettamente anche l'assoluta, e presta
le condizioni pel conseguimento del fine ultimo. Perciò
in riguardo a questa intima relazione che è fra queste
due specie di virtù, poichè lo Stato procurando direttamente la virtù *relativa* procura indirettamente *l'assoluta,*
s. Tommaso esprime in genere che la virtù è scopo dello
Stato: « *virtuosa igitur vita est congregationis humanae finis.* »
(De Reg. Prin. lib. I cap. XIV).

Così determinato il fine della società politica in san
Tommaso, ne discende chiaramente che la medesima esiste
per l'individuo, ha per ultimo fine il raggiungimento degli
alti destini individuali. A questo punto noi ci troviamo
di fronte a profonde difformità di sistemi ne' publicisti.
Oggimai è prevalente nel Diritto pubblico moderno il
concetto stesso della Scuola Teologica, lo Stato cioè essere mezzo, l'individuo fine; ma questo concetto è oggi
inteso sotto un aspetto diversissimo e nei modi più svariati. Alcuni esagerano lo scopo dello Stato attribuendogli
una diretta ingerenza in tutte le sfere della umana attività, nella religione, nella scienza, nell'arte, nella morale,
nella educazione, nella economia ec; cosicchè esso finisce
coll'inceppare e soffocare l'azione dell'individuo, e questo
è il sistema del socialismo. Altri all'opposto gli assegnano
un compito soverchiamente ristretto, lo avviliscono non

riconoscendo in esso che uno scopo *negativo,* quello di rimuovere ciò che si oppone alla *coesistenza* delle forze morali, con che lo riducono ad un *gendarme.* Trovare il giusto mezzo fra questi due opposti sistemi è il lavoro non solo della scienza ma eziandio dell'attività di tutti i popoli, e tutte le lotte tra gli ordini interni degli stati hanno per fondamento e per iscopo questa importantissima esigenza, determinare cioè quale sia il fine dello Stato in ordine all'individuo. La teorica che questo fine fa consistere nella *coesistenza* degli individui, e che riduce lo Stato a pura forza negativa, devesi nullameno ripudiare, essendo conseguenza del concetto *meccanico* dello Stato che non è il vero concetto; e d'altra parte la storia ne ammaestra come sempre lo Stato ha avuto un compito più elevato che non la sola coesistenza degli individui, ha fatto sempre qualcosa di più che non il semplice *conservare.* L'altra teorica che detto fine vuole esteso a tutte le manifestazioni della vita umana, ripugna alla natura stessa dell'uomo e dello Stato. Ripugna alla natura dell'uomo, perché essendo esso una forza deve avere un campo in cui esplicarsi, mentre il socialismo partendo dal principio che l'individuo non ha una propria attività, ma agisce solo partecipando all'azione dello Stato, gli nega un campo proprio in cui svolgersi, fa che il medesimo non possa agire di per sè, ed una forza che non può agire non è più forza. Ripugna poi tale teoria alla natura dello Stato, poichè desso quale ce lo presenta la storia, e quale lo concepiamo nella nostra coscienza, non è una somma di atomi ma un'organismo di forze, e il concetto di organismo come abbiamo altra volta avvertito, importa che le forze sono bensì consociate in guisa da formare una forza collettiva, ma ciascuna di esse conserva una sfera libera di azione, ciò che non si ha nel sistema del socialismo, in cui le singole attività restano assorbite da quella

del tutto. Oltre di che la prattica stessa si oppone a che
lo Stato possa avere un compito sì vasto quale glielo attribuiscono i socialisti, imperocchè è assolutamente impossibile che lo Stato possa di per sè giungere ad adempiere tante e sì svariate funzioni, o almeno adempierle.
adequatamente.

Il fine adunque dello Stato non può essere nè soverchiamente ristretto, come nel sistema che lo riduce al *puro
diritto* o sistema di Kant, nè esteso eccessivamente come
in quello del socialismo. La teorica di s. Tommaso che
abbiamo esposta, ci sembra tenere il giusto mezzo fra
questi due estremi, e soddisfare pienamente al canone or
ora enunciato. Il fine dell'associazione politica è per san
Tommaso un fine individuale, lo Stato tende finalmente
al fine stesso dell'individuo, ma vi tende in una maniera
subordinata e indiretta. L'individuo quindi nel raggiungimento del suo fine ha una sfera d'azione tutta sua propria,
che si sovrappone a quella del tutto organico di cui fa
parte, e questa sfera d'azione è il campo della virtù assoluta. Ma v'ha un altra sfera, che pure è condizione necessaria perchè l'individuo possa agire nella sfera sua
propria, ed è quella della *virtù relativa* e della *sufficienza*
de' beni temporali, ed in questa sfera entra in azione lo
Stato. Così a queste due forze l'individuo e lo Stato, è
attribuita una giusta misura di attività, per la quale ambedue agiscono all'unisono, nè l'una può sopraffar l'altra.
Lo Stato, dice s. Tommaso, è necessario perchè l'uomo
consegua il proprio fine, e questa necessità mentre giustifica lo Stato, rivendica a favore di esso una particolare
sfera d'azione; come d'altro canto essendo il suo fine subordinato a quello dell'individuo, questi avrà per sè un
campo libero che non potrà mai essere invaso dallo Stato;
e la determinazione netta e spiccata delle rispettive sfere
d'azione (per l'individuo la virtù assoluta, per lo Stato

la virtù relativa e la sufficienza) fa sì che ciascuno sia sovrano nella propria sfera, e l'uno non soffochi ed assorbisca l'altro. Così s. Tommaso lascia allo Stato un campo libero nel quale agire, ed è in tutto che riferiscesi alla conservazione della pace fra cittadini, alla loro unione, al loro reciproco amore, al soddisfacimento di tutti i loro bisogni, in una parola alla *bona vita;* lascia poi all'individuo di procurare il suo perfezionamento morale coll'esercizio delle virtù e la prattica delle buone opere. Ambedue questi fini, quello dell'individuo e quello dello Stato, determinano una armonia fra queste due forze, armonia nella quale è riposto il loro reciproco sviluppo e perfezionamento, mentre la esclusiva e totale prevalenza dell'una sull'altra di esse ci addimostra per esperienza che è sempre causa d'infiniti dissensi, ed è l'elemento corrompitore di quella unione che è l'anima del corpo sociale.

CAPO TERZO

Della Sovranità nello Stato.

Abbiamo finora studiata la natura, il concetto e il
fine dello Stato, tre ricerche che ne completano la nozione. La conseguenza che naturalmente discende dopo
stabilita la natura e il fine dello Stato, si è che esso debba
muoversi ed agire pel raggiungimento di cotesto fine;
poichè come nota s. Tommaso, il fine di una cosa è
l'oggetto della di lei attività, (4° Sent. d. 49, q. 1, a. 1,
q. 2, c — a. 2, q. 1, c) ed ogni cosa che ha un fine è
dotata di un'azione verso il medesimo. (1-2, q. 13, 4, c —
1-2, q. 109, 6, c — 2 Sen. d. 38, 1, c — Cg. 3.° c.° 17, 6^m —
Quaes. disp. de Pot.^{a} q. 7, 2, 10^m — Ma. q. 1, 1, c) Se adunque
lo Stato ha un fine, esso è un agente, è dotato di un'azione.
Fa d'uopo quindi studiare quest'azione dello Stato; e dopo
risposto alle due precedenti dimande: che cosa è lo Stato,
e perchè lo Stato esiste, bisogna rispondere all'altra: come
lo Stato agisce? Ma l'azione dello Stato reclamata dalla
sua natura e dal suo fine, reclama alla sua volta un meccanismo atto ad agire per quel fine, reclama cioè degli organi.

acconci, e il sistema di questi organi per mezzo dei quali il tutto politico esercita la sua azione, è quella che dicesi *Costituzione dello Stato*. Per istudiare pertanto l'azione dello Stato bisogna cominciare dallo studiarne la costituzione, e perciò la domanda come lo Stato agisce? si risolve in altre due ricerche, la prima delle quali ha per oggetto di vedere qual sia il meccanismo necessario per quest'azione, l'altra come funzioni tal meccanismo. Noi entriamo ora a discorrere della prima di queste due ricerche, trattiamo cioè della *Costituzione,* per la quale veniamo a studiare il secondo dei due elementi che compongono il concetto dello Stato cioè l'*elemento formale;* poichè trattandosi della Costituzione, le più importanti questioni sono quelle che si riferiscono al principio d'autorità o *potere sovrano.*

Il primo elemento infatti e il più sostanziale che ci si presenti nella costituzione dello Stato, è la *Sovranità.* É in questa infatti che si personifica l'associazione, è il centro a cui tutte le singole forze fanno capo e da cui ricevono il lor movimento e direzione, e che in sè riassume l'attività del tutto. In ordine a sì importante obbietto molte e gravi questioni si soglion fare, questioni che riguardano la *necessità, l'origine, le forme, i poteri* della Sovranità. Ci occuperemo ora della prima di tali questioni, cioè *della necessità dell'autorità Sovrana.*

S. Tommaso si fa a dimostrare cotesta necessità col seguente ragionamento. La società e lo Stato hanno un fine: in tutte le cose ordinate ad un fine è necessario un principio direttivo che le conduca al conseguimento di esso, quindi anche nello Stato deve essere questo principio. (De Reg. Princip. lib. I cap. I) Tale argomento desume dalla necessità del fine la necessità del potere sovrano; ma un altro ne vien recato dall'Angelico desunto dalla natura medesima della società e dello Stato. Lo Stato, così Egli, (Ib.) è una pluralità di uomini ciascuno dei quali è per propria natura indotto a procurare il suo bene individuale; fa d'uopo quindi vi sia anche alcuno che procuri il bene comune, non essendo il medesimo il bene proprio e il bene comune. È dunque necessaria alcuna cosa che promuova il bene comune dei molti, e per tal guisa li riduca ad unità: deve esservi quindi in tutte le cose che si ordinano ad unità un principio *regitivo* inteso al bene del tutto, e così anche nello Stato; altrimenti la comunanza non potrebbe sussistere, ma ne' suoi elementi presto si discioglierebbe, come il corpo dell'uomo e di qualunque altro animale si disfarebbe, se non vi fosse una *vis regitiva* intesa al bene comune di tutte le membra. La stessa natura pertanto della umana società come essere collettivo reclama il potere sovrano, cosicchè questo è essenziale al concetto dello Stato e ne costituisce l'elemento formale; e poichè la Società è naturale all'uomo, e la Società non può esistere senza la sovranità, ne discende che anche il principio d'autorità sovrana sia naturale all'uomo.

Questione importantissima che è stata in ogni tempo oggetto di profondi studi da parte dei Pubblicisti, si è quella della *origine e del fondamento della Sovranità*. È nella risoluzione di tale questione, che si trova uno dei punti cardinali della speculazione politica, che ha per fondamento le teorie attinte alle prime fonti della dottrina rivelata, alla quale speculazione appartiene s. Tommaso, vale a dire il principio della nozione cattolica della civile potestà. Il concetto del Diritto divino che ogni potestà viene da Dio, primieramente formulato da s. Paolo (Rom. 13) e poi unanimemente ritenuto da tutti quanti i Dottori e Padri della Chiesa, si trova svolto ed illustrato nel libro *De Regimine Principum*, (lib. III cap. I, II, III) ove è detto, che per tre principali ragioni è da ritenere che da Dio emani ogni potestà, cioè *ratione entis, ratione motus, ratione finis. Ratione entis,* perchè ogni ente derivando dall'Ente primo che è Dio, così pure il potere che è anche esso un ente, da Dio deve derivare. *Ratione motus,* imperocchè ogni cosa che si muove deve avere un proprio motore dal quale è mossa, e la serie dei motori non potendo essere infinita, bisogna far capo ad un movente primo il quale è Dio. Ora nei principi e in coloro che governano v'ha appunto questa virtù motiva che si manifesta nè varii atti del governare, a bene esercitare la quale sono necessarii alcuni speciali lumi e capacità, per i quali possono cotesti reggitori di popoli adempiere il loro ufficio, lumi e capacità che non vengono se non da Dio; quindi questa *virtù motiva* non può derivare se non dal primo movente che è Dio, e però anche *ratione motus* deve dirsi che da Dio viene il potere. *Ratione finis* da ultimo, perchè essendo Iddio Somma Intelligenza, l'azione Divina è quella che massimamente include in sè il fine, e quanto più eccellente è il fine di una cosa e più prossimo al fine ultimo, tanto più l'azione della medesima partecipa dell'azione Divina. Laonde nobilissimo ed eccellente essendo il fine dello Stato e dell'autorità sovrana, nell'azione di lei deve in sommo grado intendersi la partecipazione dell'azione divina, alla quale perciò deve onninamente esser soggetto il governo dei Dominanti. Oltre a ciò il fine dello Stato del vivere cioè secondo virtù, non può attuarsi senza un diretto intervento di Dio; quindi è da ritenersi che nell'opera de' principi che a questo fine è intesa, v'è l'opera di Dio, e la loro autorità da Lui solo proviene.

Con questi argomenti che succintamente abbiamo recati, vien dimostrato doversi ripetere da Dio l'origine del potere, e s. Tommaso dà a questa teoria la più estesa e rigorosa applicazione. Quindi il Sovrano è un ministro che fa in terra le veci di Dio, il Quale se ne serve per governare il mondo come di cause seconde, (De Reg. Principe. lib. I cap VIII — lib. II cap. XV, XVI) e chiunque osa resistere al suo Principe, a Dio stesso resiste. (2° Sent. d. 44) Lo Spedalieri (Dir. dell'uomo lib. I cap. XVII Appen.) da a questa teoria dell'Angelico una interpretazione, che a noi non sembra corrispondere alla mente del s. Dottore. Dice pertanto lo Spedalieri che s. Tommaso non riconosce il dominio, la Sovranità come istituita e voluta da Dio con *volontà particolare,* ma la fa venire da Lui come primo essere e primo movente, come cioè ne provengono tutti gli effetti naturali delle cagioni seconde; ed essendo il potere sovrano reclamato dalla natura umana, Iddio come cagione d'ogni cagione approva, conferma, vuole con *volontà generale* tutto ciò che segue dalla natura dell'uomo. Lo Spedalieri soggiunge essere indotto a tale opinione dagli argomenti che nel libro *De Regimine Principum* si adducono per provare la tesi della divina origine del potere; poichè dire che la sovranità viene da Dio come primo Essere e primo Movente, significa appunto che ne derivi alla guisa stessa che ne derivano tutti gli effetti naturali delle cagioni secondarie. Se non che lo Spedalieri non pare tenga conto del terzo argomento, quello cioè desunto dal fine; nel quale argomento ci sembra che venga chiaramente espressa una *volontà particolare* di Dio nella sovranità, poiché in esso si afferma che quanto è più eccellente il fine di una cosa, tanto più questa partecipa dell'azione Divina, ed eccellentissimo essendo il fine dello Stato, nell'azione dello Stato o dell'autorità che ne è a capo, s'include essenzialmente l'azione Divina, e vi è la massima partecipazione dell'azione di Dio; ossia in altri termini è espresso, che Iddio con *volontà particolare* interviene esso medesimo nel potere Sovrano, come del resto apparisce anche da altri passi del libro *De Regimine Principum,* e specialmente dal capo III del libro III, dove si parla di una *divina influentia* sull'animo de' Principi *pro salute subditorum.* Però lo Spedalieri osserva ancora, che nel capo X dello stesso libro parlandosi della potestà del Papa è detto che la ragione di essa potestà *sumitur ex institutione divina,* mentre allorchè parlasi della potestà de' Principi, non si dice mai che venga *ex institutione divina.* Però è da avvertire che in detto libro e capo discorrendosi dei rapporti fra Chiesa e Stato, si fa notare come nel Sommo Pontefice sia la pienezza di tutto il potere, del quale è Egli *personalmente* investito *ex institutione divina* cioè direttamente da Dio, mentre i Principi temporali sono investiti *personalmente* dal Pontefice e da questo dipendono, sicchè non può dirsi di loro che sieno investiti del potere *ex institutione divina.* La espressione pertanto *ex institutione divina* ha un senso tutto ristretto e speciale, riguarda cioè la materiale e personale investitura del potere, la quale nel Papa è fatta immediatamente da Dio, nel Principe dal Papa, poichè la voce *institutio,* come rilevasi da altri passi del s. Dottore, viene da esso adoperata a significare appunto quasi lo *stabilimento* nel potere, o il conferimento del possesso del medesimo. Ed ecco perchè parlandosi della potestà dei Sovrani temporali non si dice che essa *sumitur ex institutione divina,* non essendo il conferimento di essa fatto immediatamente da Dio ma dal Papa suo vicario; ma la potestà in quanto tale e formalmente presa, da Lui immediatamente proviene, da Lui è istituita e voluta *con volontà particolare.* Deve quindi concludersi che la dottrina dell'Angelico sulla origine del potere debba prendersi nel senso più rigoroso, nel senso cioè che il potere venga immediatamente da Dio, di Cui il Principe non è che il vicario e il rappresentante, e non già nel senso voluto dallo Spedalieri, che lo fa derivare da Dio con volontà generale e come ogni altro effetto delle cagioni seconde. E ciò sembraci corrispondere a quanto troviamo scritto nel citato libro, (De Reg. Prin. lib. III cap. V) che cioè i Principi *non tantum istinctu Dei moveri videntur, sed vices Dei gerunt in terris.*

Tutto ciò riguarda l'origine del potere sovrano. Il *fondamento* di esso o la sua ragione giustificativa è riposta secondo le dottrine del s. Dottore nella stessa natura umana. La natura dell'uomo infatti (De Reg. Prin. lib. III cap. IX) è quella di un' essere socievole e politico, ma la società politica importa un ordinamento, e ordinamento non può esservi senza una superiore autorità che comandi e diriga, quindi l'autorità sovrana è reclamata dalla stessa natura umana, ed è naturale all'uomo come gli è naturale la società. Onde conclude s. Tommaso, che anche se non vi fosse stato il peccato originale, vi sarebbe stato fra gli uomini il potere sovrano, fondandosi questo sopra una necessità inerente alla natura dell'uomo e della società, e tutta affatto indipendente dalle conseguenze che il peccato d'origine ebbe prodotte nel mondo.

A queste dottrine di s. Tommaso sulla origine del potere, che sono pure le dottrine di tutti gli scrittori cattolici, si contrappongono le teoriche della *Sovranità popolare* iniziate da Rousseau e dalla rivoluzione Francese, e che costituiscono il cardine della moderna scuola del Diritto pubblico; teorie le quali hanno tutte per fondamento il principio che la fonte del potere sia il popolo e la sua volontà, la sovranità risiedere in coloro stessi che le devono ubbidire. Noi non entreremo in questa intricata questione, nè ci fermeremo ad esaminare gli svariati sistemi che dai filosofi si concepirono sulla sovranità popolare. Osserviamo soltanto come alla scuola di Rousseau e de' suoi seguaci, i quali ritenevano nella forma più assoluta il principio che il potere emana dal popolo che ne è l'unica fonte, successe presto un' altra scuola quella di Guizot, la quale riconosceva l'origine della so-

vranità in una volontà superiore a quella del popolo, cioè
nella ragione che governa tutto il mondo ed è il vero
legislatore della umanità. Ma questa *ragione* presa in senso
assoluto ed oggettivo come dominatrice dell'universo, non
si sa agevolmente comprendere; meglio avrebbe detto il
Guizot, anzi avrebbe risoluta la questione, se dalla ragione fosse risalito all'Autore di essa che è Dio, il quale
è l'assoluto e supremo Dominatore di tutte quante le
cose. La teorica quindi del Guizot ha un punto di verità,
il riconoscimento cioè di un principio superiore a popoli
e regi dal quale si deriva l'ordinamento politico ed il
potere, principio che egli dice essere la ragione umana,
ma che in realtà è la ragione di Dio, è la infinita Sa-
pienza governatrice dell'universo. Così anche i filosofi
della ragione e del diritto naturale sono loro malgrado
costretti a confessare quantunque con espressioni e frasi
più o meno vaghe ed ambigue, i veri principii che sono
a base del civile consorzio; e sono senza quasi che se ne
avveggano, indotti a girare attorno, perchè non da loro
l'animo di entrarvi, a quelle medesime teorie che con
tanta semplicità e chiarezza i Dottori e Padri della Chiesa
aveano già molti secoli innanzi professate.

Esaminando ora la questione alla stregua dei dettami
della logica e del buon senso, il principio che la sovranità è da Dio ci si parrà come il vero razionale, per quelle
ragioni medesime che da s. Tommaso abbiam veduto ar-
recarsi a sostegno della sua tesi. La ragione infatti ci
suggerisce, che come Iddio è la Cagion prima e il supremo
governatore di tutte le cose nel mondo fisico, lo è anche
di tutte le cose nel mondo morale; anzi risultando questo
di forze che hanno un fine da raggiungere, il qual fine
è ad esse di gran lunga superiore perchè fa capo all'ordine sopranaturale e divino, è necessario che Dio stesso
le disponga e diriga a questo fine, al quale di per sè e

colle sole forze che ne vengono apprestate dalla loro natura, non sarebbero sufficienti di pervenire. E questa direzione e divino impulso è necessaria altresì alle forze
morali complesse tra cui è lo Stato; e specialmente è
necessario che la medesima s'incentri e si posi sugli organi che di ciascuna associazione di forze hanno cura per
dirigerle al fine; e così l'autorità sovrana che è l'organo
che regola e dirige lo Stato, è quella che direttamente
riceve cotesto divino impulso. Oltre di che Iddio il quale
ha posto l'ordinamento del mondo fisico, ha posto eziandio
l'ordinamento del mondo morale colle sue gradazioni di
superiore e inferiore, di Principe e di suddito, e mediante i
Principi governa e dirige al suo fine il corpo sociale.
Ecco adunque come secondo ciò che ne persuade il lume
della ragion naturale, il potere viene da Dio. Or questo
ragionamento non è che quello medesimo di s. Tommaso, in cui si fà a provare Dio esser la fonte del potere perchè primo *Ente* e quindi prima cagione di tutte
le cose, primo *motore* e ultimo *fine*; dobbiam quindi concludere che la teorica dell'Angelico, e in genere di tutti
gli scrittori della scuola Teologica che il principio della
divina origine del potere ebbero sempre ritenuto, è perfettamente conforme a ciò che ne detta la logica e la ragion naturale.

Lo stesso non possiam dire della contraria dottrina
cioè della Sovranità popolare. *Sovranità* suppone una materia preesistente sulla quale esercitarsi, e questa non può
essere che il popolo stesso; laonde o si pensa che il popolo sia sovrano senza avere sù cui esercitare la sua sovranità, ovvero si crede che sia al tempo stesso sovrano
e suddito di sè medesimo; nell'un caso e nell'altro s'in-
corre in un palpabile assurdo. Ma non è in questo senso
che la intendono i più serii patrocinatori del nuovo diritto. Convinti della forza di questo dilemma cercano

4

trincerarsi in una distinzione, dicendo che il popolo è la fonte della sovranità, è il potere costituente, ma è diverso dal potere sovrano come la causa è diversa dall'effetto: sovranità virtuale efficiente, sovranità attuale effettiva son concetti diversissimi, ed è la prima soltanto che si vuole attribuire al popolo non la seconda. Ma anche portata la questione in questo terreno, dovremo imbatterci in non minori paradossi. Imperocchè è agevole comprendere che la sovranità importa di sua natura un rapporto di superiore a inferiore, un rapporto di sudditanza, significa un cotal ligamento dell'altrui volontà, una limitazione dell'altrui diritto. Se quindi il popolo ha la sovranità virtuale e ne è la causa efficiente, e quegli che la medesima esercita ne compie l'atto ed è la causa effettiva, ne verrebbe che la causa, cioè il popolo il quale a colui che del potere è investito è onninamente soggetto, sarebbe meno estesa e meno diritti vanterebbe del suo effetto, lo che è assurdo; cui non vale ad escusare il dire, che il popolo abbia rinunciato a qualche parte de' suoi diritti e da se medesimo siasi voluto obligare, poichè è noto l'adagio che niuno obliga sè medesimo. Oltre a ciò se esistesse nel popolo questa sovranità virtuale, se veramente avesse una tale potenza, dovrebbe metterla in atto, poichè assurdo è concepire una potenza che non possa tradursi in atto dallo stesso soggetto che ne è fornito. Or questo appunto avviene nella sovranità popolare. Un popolo che esercita i diritti sovrani, mai si è visto al mondo nè si vedrà mai, i comizii, le assemblee han sempre qual cosa di ristrettivo, per cui la moltitudine in esse ragunata non è più il vero popolo. Ma è poi assolutamente impossibile che il popolo possa di continuo radunarsi e adempiere a tante gravissime funzioni, quali sono quelle della direzione di uno Stato, del dettar leggi, amministrare giustizia, provvedere al benessere ecc., funzioni che richiedono in chi le esercita un grado elevato di coltura e non comune capacità, e formano l'oggetto di cure indefesse e di lunghi e severi studii da parte dei publicisti, cose tutte che. è impossibile trovare nel popolo. Al che rispondono i sostenitori della Sovranità popolare, che il popolo delega la sua autorità a chi più crede capace di esercitarla. Osserviamo anzi tutto che la delegazione per essere tale conviene sia potestativa, abbia cioè chi delega, la libertà di farla o nò, ma nel caso nostro il popolo avrebbe sempre l'obbligo di tale delegazione, vi sarebbe costretto dalla propria impossibilità ad agire di per sè, dalla forza stessa delle cose, sarebbe quindi necessaria, e questa non è più delegazione. Ma inoltre neppure tal delegazione può fare il popolo. Per farla infatti bisogna scieglere la persona da delegare, conoscere quindi i suoi meriti e capacità, e conoscere nel tempo istesso in tutta la loro ampiezza le funzioni che le si vogliono delegare, il loro scopo, i mezzi per bene esercitarle. Or questo che è l'apice di quanto si richiede per la buona politica, non può essere ufficio del popolo, che come abbiam detto è di sua natura incapacissimo, quindi anche una tal delegazione è impossibile. Laonde indarno si ricorre alla ipotesi di una sovranità virtuale, efficiente che dovrebbe risiedere nel popolo, poichè tal sovranità è per ogni verso impossibile ad attuarsi dal popolo stesso; sarebbe quindi una potenza non attuabile nel soggetto in cui risiede, e questo è assurdo.

Ma lasciando star tutto ciò, chi non vede a quali ruinose conseguenze mena cotale principio? La condizione precipua perchè lo Stato fiorisca e adempia a' suoi scopi, è la sua stabilità, l'ordine fra le forze in esso consociate, cose che mai potranno aspettarsi dal popolo, la cui caratteristica è d'ordinario la volubilità e il capriccio. Anzi

perchè il medesimo si fa sempre muovere e condurre da
chi coll'adula.·lo e solleticarne le passioni sà meglio trarlo
da sua parte, la sovranità popolare si converte presto
nella sovranità di pochi mestatori, che ad altro non in-
tesi che a promuovere i lor privati interessi, accelerano
più che mai la totale rovina della publica cosa. Dato poi
alle plebi il diritto di governar sè medesime, esse che
han tanto bisogno di esser guidate, correranno all'impaz-
zata ove più loro talenta, vorranno oggi quel che ieri
non vollero, cambiando ad ogni mutar di stagione e forse
anche più di sovente e leggi, e magistrati, e ordinamenti;
e poichè nella moltitudine che di tanti e disparati elementi è composta, difficile anzi impossibile è l'accordo
ove alcuno non sia che a tutti sovrasti, continua sarà la
lotta fra le varie fazioni cercando ciascuna dettare all'altra
il proprio volere, donde una confusione orribile, il caos,
l'anarchia. Cotali sono gli effetti che la esperienza ci addimostra aver prodotti il sistema della Sovranità popolare; dinanzi ad essi è superflua qualsiasi altra critica:
la moderna teorica fa ben mala prova di fronte al-
l'altra propugnata da san Tommaso e dagli scrittori
Cattolici, la quale del resto porta pure il suggello del-
l'approvazione e testimonianza della storia di tutti i popoli, che sempre hanno più o meno riconosciuta nella
sovranità una emanazione divina; ogni ragione pertanto
ne persuade a ritenere che alla medesima sia unicamente
dovuto il plauso della scienza soda e verace.

CAPO QUARTO

Delle forme di Governo.

———

Dopo la ricerca della origine e fondamento della Sovranità, l'osservazione a farsi è che il potere sovrano può manifestarsi sotto diverse forme secondo che è diversamente costituito; donde la trattazione delle *Forme di Governo*, colla quale si risponde alla dimanda: come il potere sovrano deve essere costituito? S. Tommaso a tal proposito comincia da una primordiale distinzione, cioè del *buono* e del *cattivo* governo, ciascuno dei quali ha tre forme corrispondenti in modo che a ciascuna forma buona risponde una cattiva. (1-2, q. 95, 4, c — q. 105, 1, c — 2-2, q. 61, 2, c — De Reg. Princip. lib. I capo I — lib. IV cap. I) Tre sono pertanto le forme di governo buono, la *monarchia, l'aristocrazia,* la *democrazia.* La forma *monarchica* è quella in cui tutto il potere è nelle mani di un solo, che dicesi *re.* L'*aristocratica* è quella in cui il potere risiede nelle mani di alcuni pochi, che per le loro speciali qualità si elevano sopra la comune del popolo, e diconsi *ottimati;* la *democratica* infine è quando il dominio risiede in molti presi dal popolo. (De Reg. Princip. lib. I cap. I) A queste tre forme del buon governo corrispondono altre tre di governo cattivo, le quali sono la *tirannide*, la *oligarchia* e la *democrazia* presa in cattivo senso, che nel linguaggio odierno diciamo *demagogia*. S. Tommaso spiega come ciascuna forma di buon regime possa degenerare in cattiva, partendo dal principio che allora il sovrano potere è rettamente esercitato, quando chi ne è rivestito non cerca il bene suo proprio, ma quello comune della moltitudine; (Ib.) in caso contrario ingiusto e degenerato è il governo. « *Per hoc regimen fit injustus, quod spreto bono comuni multitudinis, quaeritur bonum privatum regentis.* » (De Reg. Princ. lib. I cap. III) Se quindi nella forma monarchica il re non procuri il bene della moltitudine che a lui è soggetta, ma tutte le sue cure rivolga al suo privato vantaggio, sarà un *tiranno*, e la *tirannide* è la forma degenerata della Monarchia. Così nel governo dei *pochi* o degli *ottimati*, se avvenga che questi abusando di loro potenza e ricchezza opprimano l'altra parte del popolo cioè la plebe, si avrà l'altra forma degenerata di governo cioè la *oligarchia*, la quale non è che la tirannide esercitata da più persone. Se finalmente la moltitudine fatta forte pel numero ottiene il sopravvento e giunge ad opprimere i ricchi, allora tutto il popolo si rappresenta come un solo tiranno, e si ha l'altra forma degenerata che è la *democrazia* presa in cattivo senso, o *demagogia*. (De Reg. Princip. lib. I cap. I).

Sono queste le principali forme di governo enumerate dall'Angelico. È però da osservare come Egli raggruppa le due forme dell'*aristocrazia* e della *democrazia* in una sola genericamente appellata *politia*, cosicchè a rigore due sono i tipi o forme di governo, il *regno* se il potere risiede in un solo, la *politia* se in più, la quale

poi sarà *aristocrazia* o *democrazia* secondo che la potestà
da pochi o da molti sia esercitata: «..... *et quoniam utrum-
que (regimen aristocraticum et politicum) pluralitatem includit,
ista duo ad politicum se extendunt, prout dividitur contra re-
gale seu despoticum.* » (De Reg. Prin. lib. IV cap. I) Così
s. Tommaso riduce in ultima analisi le forme di governo
all'*uno* e *non uno*, che come direbbe il Cousin sono gli
elementi supremi di ogni teoria metafisica; ed applicata
tale teoria alle forme di governo, ne segue come osserva
il Taparelli, (Dissert. II cap. IX nota LXVI) che la
monarchia e la *poliarchia* differiscono *essenzialmente* in ciò,
che nella prima l'unità sociale nasce dall'*uno* naturale,
nell'altra dall'uno artificiale o morale.

La teorica ora esposta delle forme di governo è an-
tichissima e rimonta ad Aristotele, e tutti gli scrittori tanto
dell'antichità Greca e Romana quanto moderni hanno seguita la distinzione Aristotelica. Essa infatti poggiasi sulla
natura stessa delle cose; quindi è che cattiva prova hanno
fatto tutte le innovazioni che si sono volute portare a
questa primitiva e semplicissima distinzione. Fu detto che
la medesima ha per base un'elemento troppo estrinseco
quale è il numero; ma è da osservare che quando dicesi
forma di governo, vuolsi intendere appunto la esteriore
parvenza, il modo con cui un governo estrinsecamente
si manifesta. Ora il numero dei governanti è l'elemento
più spiccato e che primo di ogni altro presentasi nella
costituzione di uno Stato; esso quindi è la vera caratteristica della forma di governo, e però la distinzione che
ha per base il numero dei governanti come quella di Aristotele seguita da s. Tommaso, deve ritenersi come la più
logica e naturale distinzione.

Oltre queste principali forme di governo altre ne enumera s. Tommaso, le quali non sono che varietà e mo-
dificazioni della forma monarchica. La forma tipica della

monarchia è il *regno*. La parola *regno*, dice il s. Dottore, viene da *regere*, onde *re* è colui al quale tutta intera è affidata la somma del regime; (Psal. 2 fi.) è il principio movente di tutto il sistema degli svariati elementi dal cui complesso risulta l'azione dello Stato, a quel modo che l'anima informa e dà vita a tutte le membra del corpo. «*Hoc igitur officium rex suscepisse cognoscat, ut sit in regno sicut in corpore anima, et sicut Deus in mundo.*» (De Reg. Prin. lib. I. cap. XII) Quanto poi al modo di esplicarsi della regia autorità, il regno ha questo di proprio, che mentre gli altri reggitori politici sono astretti da leggi, che loro impongono certi limiti fuori dei quali nulla possono fare, ciò non avviene nei re, *quia in ipsorum pectore sunt leges reconditae.* (Ib. lib. IV cap. I)

Alla forma monarchica *il regno* si riannoda l'altra del governo *imperiale,* (De Reg. Prin. lib. III cap. XX) la quale in sostanza non è che la forma stessa del regno intesa in un senso più elevato, come supremo dominio più eccellente di ogni altro, onde l'*imperator è quasi omnium dominus.* (Ib. lib. III cap. XII) S. Tommaso parla anche di un *principatus despoticus,* che è il dominio del padrone sul servo, e questo quantunque men buono del regime politico, non è una forma degenerata di governo come la tirannide, ma una forma richiesta e dalle condizioni di poca civiltà dei popoli e dalla loro perversità, cosicchè tal dominio è anche un istromento della divina Giustizia. (Ib. lib. II cap. VIII e IX, lib. III cap. XI) Sotto questo aspetto è desso una forma legittima, perchè il popolo che si merita un tale regime, non potrebbe governarsi altrimenti. Finalmente un'ultima distinzione del regime monarchico ci dà s. Tommaso, cioè di *temperato ed assoluto. Temperato* è quello in cui quantunque un solo sia il Sovrano che ha la suprema potestà, v'hanno però sotto di lui alcuni che pure sono a parte del potere «..... *unus praeficitur secundum virtutem qui omnibus praesit, et sub ipso sunt aliqui principantes secundum virtutem.* » (1-2, q. 105, ar. 1)

Viene ora qui naturale la dimanda: quale fra queste sarà l'ottima forma di governo? Quella, risponde s. Tommaso, che è più acconcia a procurare il bene di coloro che sono governati. E siccome il bene e la salute della società politica stà nella conservazione della sua unità dalla quale si deriva la pace, quella deve ritenersi per ottima forma di governo, che meglio di ogni altra contribuisce a conservare questa unità; e questa forma non può essere altra che la *monarchia,* perchè *unitatem magis efficere potest quod est per se unum.* (De Reg. Prin. lib. I cap. II) La forma monarchica inoltre, continua l'Angelico, è la più naturale; così nelle membra del corpo umano uno è quello che le muove cioè il cuore, e nelle facoltà dell'anima una è quella che le presiede cioè la ragione; e poichè la natura sempre opera l'ottimo, se la forma monarchica corrisponde alla natura, sarà essa l'ottima forma. La Storia poi insegna, come gli Stati che non sono retti da un solo reggitore non hanno mai pace, ma son di continuo tormentati e divisi dalle discordie, mentre quelli che reggonsi a forma unitaria, hanno seco la pace e vanno lieti d'ogni maniera di benessere. (Ib.) Finalmente la forma monarchica è migliore, perchè da essa segue minor numero di mali che non dalle altre, e v'ha minore probabilità e pericolo che si corrompa. Imperocchè quando molti sono a governare, son facili i dissensi fra loro, dai quali poi si generano le divisioni e le lotte frà governati. E la stessa tirannide, vizio proprio del governo monarchico, è molto facile avvenga nel governo dei molti; poichè quando questi sono in dissenso fra loro, uno ottiene il sopravvento sugli altri, usurpa a sè tutto il potere e diviene tiranno. La forma poliarchica adunque reca seco maggiori pericoli per lo Stato che non la monarchica, e però questa deve nulla-meno essere preferita. (lib. I cap. V)

L'ottima forma di governo è adunque la Monarchia, ma non gia, soggiunge s. Tommaso, la monarchia as-soluta, sì bene la temperata. Ed ecco come egli discorre a tal proposito. (1-2, q. 105, ar. 1) Due cose son da os-servare circa il buono ordinamento del potere sovrano in uno Stato. La prima è che tutti abbiano qualche parte in questo potere, perchè è per tal modo che si conserva la pace, tutti amano un tale ordinamento e vi si assog-gettano di buon grado. L'altra è che quantunque varie sieno le sorta di regime, la principale però è quella in cui uno comanda, e insieme a lui altri vi sono per no-biltà e virtù insigni i quali pure comandano *secundum virtutem*. Un tale ordinamento in cui il potere dell'uno che è il supremo reggitore dello Stato, è temperato da altri che anche essi comandano, è la vera ottima forma di governo, sendo una forma mista di monarchia, ari-stocrazia e democrazia: v'è la *monarchia*, essendo uno quello che presiede, v'è *l'aristocrazia*, poichè quelli che sono a parte del governo, son coloro che *secundum virtu-tem* si elevano sulla moltitudine; v'è finalmente la *de-mocrazia* in quanto che questi principi che governano in-sieme al monarca, sono presi dal popolo e scelti in grembo al medesimo.

Si conclude da ciò come s. Tommaso prediliga la forma *mista*, unica come Egli dice che possa garentire la stabilità e durata dello Stato; forma nella quale tutti do-vrebbero aver parte al governo nel senso che coloro che sono chiamati a parteciparvi direttamente, dovrebbero es-sere scelti da ogni classe di cittadini. Ma quali saranno queste persone che dovranno aver parte al governo, ed essere gli *ottimati* del popolo? S. Tommaso (loc. cit.) dice che *aristocratia est potestas optimorum in qua aliqui principantur secundum virtutem.* È evidente che qui parlasi della *virtus* in senso relativo della quale abbiamo altra volta parlato, ossia della *virtus* relativa al fine della Società. Quindi quelli saranno gli *ottimati* che posseggono in più eccellente grado questa virtù, o in altri termini son quelli che meglio cooperando al bene comune, sono più adatti a dirigere il corpo sociale al suo fine. E ciò è conforme a quel che dice Aristotele: (Polit. III, cap. 6 in fine) «*Bene agendi gratia ponendum est esse civilem societatem. Quapropter qui plus conferunt ad hujusmodi societatem, his plus juris competit in civitate quam his qui libertate ac genere pares sunt vel majores, sed civili virtute impares.* » Laonde s. Tommaso pone a base dell'aristocrazia la *capacità*, e siccome questa non è esclusiva di un dato ceto, ma può trovarsi in tutti, poichè chiunque anche se appartenga alle infime classi ne può esser dotato, conclude che *talis principatus ad omnes pertinet*, cioè è un aristocrazia che in certo modo traducesi in democrazia, e la forma di governo così costituita è la vera e schietta forma *mista*.

Nel passo citato dell'Angelico è detto che cotali magnati *ab omnibus eliguntur...... et ad populum pertinet electio principum.* Queste parole han dato origine ad una difficoltà; si è veduto in esse un'accenno ad una elezione popolare, e quindi alla sovranità del popolo. Tale difficoltà fu mossa prima dallo Spedalieri (Dir. dell'uomo lib. I cap. XVI Append. §. 4.) e recentemente dal Mamiani nella prefazione alle sue poesie, fondandosi essi anche sopra un'altro passo del s. Dottore, quello cioè al capo VI lib. I *De Reg. Principum*, dove parlandosi della condotta che tener debbono i sudditi verso un principe tiranno, si legge: « *Si ad jus multitudinis pertineat sibi providere de rege, non injuste ab eadem rex institutus potest destitui.* » Da queste parole i nominati scrittori hanno voluto dedurre che s. Tommaso riconosca almeno in certi casi la sovranità popolare. È da osservare anzi tutto come dalle parole di questo testo, *si ad jus multitudinis pertineat*, rilevasi che tutt'al più tratterebbesi di un diritto ipotetico, che talvolta può competere al popolo, talvolta nò; mentre il diritto della sovranità nel popolo dovrebbe essere, e per tale si proclama dai sostenitori di esso, un diritto certo, assoluto, costante, immutabile. Ma oltre a ciò a bene intendere i passi suaccennati del Santo d'Aquino, bisogna distinguere l'autorità *astratta* dalla *concreta*. L'autorità in *astratto*, cioè la facoltà e la potestà di comandare non può venire che da Dio, e solo in rappresentanza di Lui può dall'uomo esercitarsi, ma l'autorità in *concreto*, cioè l'attribuire l'esercizio di tale potestà ad uno od altro individuo o classe d'individui, la designazione della persona che deve esercitarla, poichè si vive nel concreto e si è fra esseri concreti, a questi esseri concreti dovrà appartenere. Quindi non dice s. Tommaso *si ad jus multitudinis pertineat regere se,* ma *sibi providere de rege,* cioè statuire la persona che lo deve reggere, e nella quale dovrà posare il potere che viene da Dio e a Lui solo appartiene. Ma cotale designazione che in alcuni casi fa il popolo del suo reggitore, non implica punto una emanazione da esso di autorità; chè anzi cotesta sua facoltà deve intendersi nel senso più limitato. E tale è infatti la mente del s. Dottore. Imperocchè se come più avanti si noterà, perfino nel caso del *tyrannus usurpatione,* nel qual caso il popolo non ha che fare con un vero e proprio signore, (*non fit vere dominus*) e quindi la facoltà di destituirlo dal potere parrebbe doversi esercitare nel modo più assoluto, ciò non ostante trovasi la medesima nelle dottrine dell'Angelico ristretta il più che è possibile e subordinata a certe condizioni, che cioè si proceda *publica auctoritate* e però non secondo il capriccio degli individui, che le circostanze lo permettano e non vi sia pericolo di mali maggiori; è da ritenere che nel caso ordinario del legittimo signore, il conferimento della concreta autorità nella persona del Principe deve intendersi ristrettissimamente, nel senso cioè che tal conferimento una volta fatto non possa più revocarsi, e che quindi tal facoltà ammessa da s. Tommaso non importa punto che il popolo possa a suo talento conferire o togliere tale autorità concreta a suo beneplacito, e la persona del supremo reggitore possa cambiare a capriccio. Siamo pertanto lungi le mille miglia dal sistema della Sovranità popolare, nel quale appunto viene elevato a massima che la moltitudine possa a suo beneplacito cambiare governo; e perciò niuna ripugnanza e contrarietà deve trovarsi da chi bene osserva, fra quel testo su riportato di s. Tommaso, e le dottrine già esposte del medesimo santo Dottore circa la origine del potere.

Quindi si scorge come la forma mista vagheggiata da s. Tommaso non ha nulla che fare col moderno *Costituzionalismo,* dal quale essenzialmente si differenzia nella origine, perchè il Costituzionalismo parte dal principio della Sovranità popolare che viene estrinsecato nel sistema dei parlamenti, mentre la forma mista quale l' abbiamo osservata, nasce dal bisogno di temperare il potere del Monarca che talora potrebbe eccedere; se ne differenzia nel modo prattico col quale si attua, perchè il Costituzionalismo ha per base il suffraggio e la elezione popolare, mentre coloro che nella forma mista sono a parte del governo, vi son chiamati non dal capriccio e dalla volubilità delle masse ma dalla natura stessa delle cose, sendo quelli che s' innalzano sugli altri per il grado, scienza ecc., se ne differenzia finalmente nelle coseguenze, perchè nel sistema Costituzionale il potere de' parlamenti rappresentasi come un altro potere che si contrappone a quello del Principe, son molte volte due poteri l'un contro

l'altro armato; e fondandosi tal sistema sul suffragio popolare, porta seco la instabilità e la irrequietezza con
grave pregiudizio e talora anche colla totale rovina della
publica cosa; mentre nella forma mista l'autorità sovrana
non ha contro se nessun altro potere, e i consigli e le
assemblee che insieme al Principe sono a parte del governo, hanno per primo principio il riconoscimento del
supremo potere del Principe, al quale sono del tutto soggetti; il loro compito è quello solo di consigliare e concorrere a che la sovrana autorità di lui si esplichi nel
modo più conveniente e vantaggioso; e però nulla perde
il potere del Principe in tal sistema, ma invece colla
cooperazione di tali consigli riesce più efficace, ed è più
temuto dai sudditi e più rispettato. E però a noi sembra
che una tal forma di governo, la quale fin dai tempi di
Platone e di Aristotele ha sempre incontrato l'ammirazione dei Pubblicisti, ove venisse attuata nella maniera designata dall'Angelico Dottore, sarebbe la sola che
varrebbe a garantire daddovero l'autorità dei Principi e
la libertà dei sudditi, e assicurare allo Stato la sua pace
vera e duratura.

CAPO QUINTO

Delle funzioni del potere sovrano.

———

Studiata l'autorità sovrana nella sua origine e nelle sue forme, bisogna ora esaminarla nel suo esplicamento ossia ragionare delle sue *funzioni;* poichè dopo aver risposto alla dimanda: come il potere sovrano deve essere costituito? sorge l'altra: come il potere sovrano agisce? Dalla stessa natura e dal fine dell'autorità sovrana ne viene che essa ha doveri da compiere, ha funzioni da esercitare; e questi doveri si rappresentano rispetto ai sudditi come diritti che essa ha facoltà di far valere verso i medesimi anche per mezzo della forza, e in questo senso questi diritti e doveri si rappresentano come *poteri.* Laonde la trattazione dei diritti e doveri della Sovranità, o delle funzioni e poteri dello Stato è la stessa: nella trattazione delle teoriche di s. Tommaso circa questo punto, poichè Egli prende per forma tipica di governo la monarchia, nella quale tutta l'attività dello Stato s'incentra nella persona del Principe, il suo discorso riguarda i diritti e i doveri, le funzioni o poteri del Principe.

La somma di tutti gli uffcii del potere sovrano e quindi de' suoi diritti si raccoglie nella funzione del *regere,* per cui chi di esso potere è supremamente investito dicesi *rex,* nella quale parola s'include universalmente tutto il governo dello Stato: « *Rex dicitur cui committitur universalis gubernatio,* » (Psal. 2 fi.) e *gubernare* secondo san Tommaso vuol dire *habere sub sua providentia.* (4.° Sen. d. 49, q. 1, a. 2, q. 5, c.) Queste sono formole generali che indicano come le funzioni del potere sovrano sieno secondo il s. Dottore molteplici e svariatissime; occorre perciò ora indagare più particolarmente quali sieno coteste funzioni, e così concretare quelle formole generali.

Anche in questa ricerca bisogna far capo al concetto del fine, perchè desso è che costituisce come la base di tutto il sistema politico di s. Tommaso. Tutti gli esseri che sono per un fine, hanno particolari funzioni nelle quali esplicano la loro attività per giungere ad esso; ma queste funzioni sono diverse secondo la diversa natura dell'essere, perchè *oportet modum actionis esse secundum modum formae agentis,* (Cg. 2, c° 21, 8^{m} — 22, 3^{m} — lib. 3 cap. 55, 1^{m} — 58, 1^{m} — 73, 2^{m} etc.) e nell'essere sociale si rappresentano in quella forma che distingue le funzioni sociali. L'esigenza del fine importa un *moto,* una *operazione* e un conveniente *ordinamento* di cose. (3° Sent. d. 27, q. 1, 4, 11^{m}) L'ordinamento in relazione al fine è la *provvidenza,* (1^{a} q. 22, 1, o — 2, c — q. 23, 1, c — 1° Sent. d. 39, q. 2, 1, o — Cg. 3. c° 77 — Quaes. de Verit. q. 5, 1, o) e condurre convenientemente una cosa al conseguimento del proprio fine è ciò che dicesi *governare;* (1^{a} q. 103, 1, o — 2-2, q. 102, 2, c — Cg. 3, c° 64, 3^{m} — 65, 1^{m} — lib. 4.° cap. 20, 3^{m} — De Reg. Prin. c° XV prin.) quindi il governare è *atto o esecuzione della provvidenza,* (1^{a} q. 23, 1, 2^{m} — 3, c — q. 23, 2, c — 1° Sent.

d. 39, q. 2, 1, 1^m) e perciò è detto che il re è colui *qui babet alios sub sua providentia*. Ora la provvidenza nella quale è incluso il buono ordinamento al fine, importa la *rettitudine* del *consiglio,* del *giudizio* e del *precetto,* senza cui non può aversi retto ordinamento pel fine. (2-2, q. 49, 6, 3^m) Laonde poichè la ragione del fine reclama la provvidenza, e questa importa il *consiglio,* il *giudizio* e il *precetto,* la funzione del governare cioè *rem ad debitum fi- nem perducere* che è l'atto della provvidenza, si concreta finalmente in queste tre funzioni del *consilium,* del *judi- cium* e del *praeceptum.* Il che viene anche confermato da ciò che il s. Dottore afferma in altro passo, che cioè: « *ad connaturalem finem ultimum hominis scilicet bene vivere tan- tum ordinantur primo consilium, secundo judicium, et ultimo et immediate praeceptum.* » (2-2, q, 51, 2, 2^m — 3 Sent. d. 23, q. 1, a. 4, q. 3, c) S. Tommaso inoltre dà una forma più speciale della Provvidenza ed è quella che chiama *Prudentia,* la quale però ha gli stessi requisiti della Prov- videnza e lo stesso effetto di dirigere al fine; (2-2, q. 49, 6, 1^m) e di questa v'hanno varie specie secondo la va- rietà dei fini, e però v' ha la prudenza *individuale, domestica e politica,* come pure la *militare e la regnativa;* (1-2, q. 57, 6, 4^m — 2-2, q. 47, 11, o — q. 48, c, fi. — 2^m) e la prudenza *politica* è quella appunto che riferiscesi al bene comune della Società politica. (2-2, q. 47, 10, 1^m — 11, c — 1^m — q. 50, 2, 3^m — q. 58, 6, c — 3^m) Questa pru- denza politica per la quale i membri della comunanza vengono diretti al loro fine cioè al bene comune, è quella che è specialmente propria del Principe, (2-2, q. 50, 1^m) e siccome la medesima consiste e si risolve in quelle tre cose dette di sopra, cioè il consiglio, il giudizio, il comando, (1^a q. 22, 1, 1^m — q. 23, 4, c — 1-2, q. 57, 6, c — q. 58, 5, 3^m — 2-2, q. 47, 8 etc.) quindi queste tre cose devono essere massimamente proprie del Principe, e in esse concretasi la sua funzione del governare.

Ma anche da un'altra considerazione rilevasi come l'attività e il compito del potere sovrano si riassuma nelle tre predette funzioni. Dice il s. Dottore che *re è colui qui curam habet comunitatis*, e in questa *cura* del pubblico bene è riposto il supremo officio del potere sovrano. Ora Egli insegna chiaramente quali oblighi incombano a chi ha *cura* di alcuno. (In 4 Sent. d. 19, q. 2, 1, c) «*Qui curam gerit alterius debet ei tria ut gradiatur in via salutis: scilicet ordinare ad finem rectum, cautelam adhibere ne deviet, et reducere deviantem. Primum est* DIRIGERE, *secundum* REGERE, *tertium vero* CORRIGERE.» Ma in ciò ritornano quelle tre funzioni dette di sopra, perchè il *dirigere* corrisponde al *consilium*, il *regere* al *praeceptum*, il *corrigere* al *judicium*.

Cade qui la dimanda, se queste tre funzioni nelle quali abbiamo veduto concretarsi la funzione del *gubernare* secondo s. Tommaso, sieno la stessa cosa o per lo meno si assomiglino ai tre poteri che nel diritto publico moderno si attribuiscono alla Sovranità, il *legislativo*, il *giudiziario*, l'*esecutivo*. Per rispondere a tale dimanda, è d'uopo distinguere in qual senso si prende questo concetto del potere. Imperocchè se lo s'intende in senso concreto, cioè come complesso di attività e di funzioni per le quali si esplica l'autorità, o in altri termini considerato *oggettivamente* e nel suo contenuto, il potere si trova in s. Tommaso concepito nel modo stesso che nei moderni scrittori, come vi si ritrova eziandio la distinzione de' poteri, essendo questi concetti antichi che rimontano ad Aristotele, nel quale appunto si ritrova la distinzione delle funzioni dello Stato ligate a speciali organi, la *deliberativa* cioè, l'*amministrativa* e la *giudizia-*

ria. (1) Ma non è in questo senso che nel Diritto pubblico moderno si suol prendere il concetto dei poteri e la loro divisione; ma invece si sogliono i medesimi piuttosto intendere in un senso *astratto.* Oggi infatti v'ha un principio tutto diverso circa la sorgente dell'autorità, si considera che il potere risieda nella moltitudine stessa ordinata a Stato, la quale poi lo esercita mediante speciali organi; in altri termini si considera che la moltitudine ordinata a Stato sia una *persona,* la quale riveste la medesima natura della *persona* umana individua; abbia cioè le facoltà di volere e agire, facoltà che nella speciale natura dell'ente Stato sono i *poteri,* e come nell'uomo individuo queste facoltà sono tra loro distinte, così nello Stato v'ha la distinzione delle sue facoltà cioè la divisione de' poteri. Come si vede qui v'ha un concetto *astratto* dei poteri e loro divisione, emanante cioè dalla natura stessa dello Stato che viene considerato come persona, mentre in s. Tommaso v'ha un concetto *concreto* e una *concreta* distinzione, poichè si parte dal considerare questi poteri come attribuzioni dell'autorità Sovrana richieste dall'esigenza del suo scopo, attribuzioni che vengono classificate e divise nelle tre funzioni del *dirigere, regere, corrigere.* Il concetto *astratto* dei poteri e la loro divisione quale oggi s'intende, non è possibile trovarlo in s. Tommaso, perchè esso poggia sul considerare lo Stato come persona, e questa è teoria tutta moderna; mentre nella teoria antica seguita prima da Aristotele e poi da s. Tommaso, si trova il concetto e la divisione delle funzioni in *concreto* le quali sono esercitate da speciali organi, e nel sistema Tomistico spettano alla persona del Principe. In questo senso pertanto tutto con-

---

(1) Vedi Filomusi-Guelfi: La Dottrina dello Stato nell'antichità Greca §§. 65, 67.

creto possiamo asserire, che s. Tommaso ci dà una distinzione di funzioni corrispondente all'antica Aristotelica e alla moderna distinzione de' poteri, riconoscendo Esso nell'autorità sovrana tre primarie funzioni, il *consilium*, il *praeceptum*, il *judicium*, nelle quali come più sotto si dimostrerà, s'intendono le funzioni legislativa, giudiziaria, esecutiva.

Ma anche considerata la natura stessa dell'azione dello Stato che si riassume in queste funzioni, ci vien fatto trovare un altro punto di contatto fra la teorica dell'Angelico e quelle del moderno diritto pubblico. Il concetto moderno del potere politico si è la facoltà che ha lo Stato di attuare tutto ciò che gli è espediente pel conseguimento de' suoi fini, con che lo Stato si afferma con un proprio volere universalmente obbligatorio, che s'impone ai voleri dei singoli, e che esige anche colla forza l'ossequio da parte di questi e l'esecuzione de' suoi dettami: la forza al servizio dell'autorità è il potere. Or questo stesso viene a dire s. Tommaso. Al Principe, così Egli, (In epist. ad Hebrae. lect. 2 fi) compete la *majestas* o *summa potestas* che è la pienezza del potere, e questa *potestas* è una *potentia activa cum aliqua praeeminentia*, (In 4° Sent. d. 24, q. 1, a. 1, q. 2, 3ᵐ) ossia una facoltà di agire *superiore* alle facoltà individuali, capace d'imporsi e valere sopra le medesime, come esprime la parola *praeeminentia*. Il che viene anche meglio spiegato in altri luoghi dal s. Dottore. Così Egli afferma che al Sovrano è necessaria la *verga* o forza materiale del *corregere* e *dirigere*, non solo per far fronte ai nemici ma anche per governare i sudditi; (In expos. sup. Psal. 2, fi — 22 me° — 44 me.° — Heb. lect. 4, prin.°) e i principi sono istituiti affinchè coloro che non s'inducono a condurre buona vita per amore della virtù, vi sieno indotti dal timore delle pene. (3° Sent. d. 40, 2, c — Rom. 5, lect. 6, me,° c°

13 me.°) In tutte queste proposizioni apparisce chiaramente accennata l'idea di una forza coercitiva come elemento essenziale del potere sovrano, elemento per il quale s. Tommaso ci fornisce un concetto del potere identico sotto questo aspetto a quello de' moderni pubblicisti.

Abbiamo già accennato come l'astratta distinzione dei poteri nel senso moderno non sia possibile trovare in s. Tommaso, perchè fondata sulla teoria tutta moderna della personalità dello Stato. Ma v'ha però la prattica e concreta distinzione delle funzioni; occorre perciò ora vedere quali sieno queste funzioni.

La funzione generica del *gubernare* si concreta come abbiamo visto nelle altre del *consilium*, del *judicium*, del *praeceptum*. (4 Sent. d. 19, q. 2, 1, c) Ora anche in queste particolari funzioni ci accade trovare delle rassomiglianze fra le dottrine dell'Angelico e le moderne teoriche, perocchè queste tre funzioni che fanno capo a quelle designate da Aristotele la *deliberante*, l'*amministrativa* e la *giudiziaria*, non sono altro in sostanza, che le tre funzioni o poteri che pel moderno diritto pubblico spettano allo Stato, il legislativo, l'esecutivo, il giudiziario. Infatti nel *consilium* s'intende propriamente la funzione legislativa, poichè per s. Tommaso *proximus finis consilii est inventio agendorum*, (2-2, q. 51, 2, 2^m — 3 Sent. d. 23, q. 1, a. 4, q. 3, c — 2^m) cioè lo stabilire quel che è da fare pel conseguimento del fine, il che è appunto il compito della legge e del legislatore : « *Lex dirigit intentionem ostendendo qualis debet esse actus proportionatus fini ultimo.* » (2 Sent. d. 41, q. 1, 1, 4^m) Laonde il *consilium* e il *dirigere* che costituiscono la prima delle funzioni da s. Tommaso attribuite al potere sovrano, sono quella che propriamente si chiama funzione o potere legislativo. È poi evidente che nel *judicium* s'intenda la funzione giudiziaria, poichè: « *iudicium est actus judicis in quantum est jusdicens; ideo est actus justitiae;* » (2-2, q. 60, 1, 0 — q. 63, 4, c — Isa. 1 fi, 3 prim°) e l'atto della giustizia consiste nel rendere a ciascuno il suo, (2-2, q. 58, 11, 0 — q. 66, 3, 5, c. — q. 101, 3, c — 2 Sent. d. 27, 3, c — d. 44, q. 2, 1, c) nel che consiste la funzione del potere giudiziario. Nel *praeceptum* finalmente viene inteso il potere esecutivo, poichè come è detto nella 1ª-2, q. 90, 2, 1ᵐ: « *praeceptum importat applicationem legis ad ea quae ex lege regulantur;* » ed il potere esecutivo come s'intende da' moderni ha per suo compito l'amministrazione dello Stato nel modo determinato dalle leggi, l'applicazione prattica delle leggi. Se non che questa applicazione prattica non intendesi dai moderni pubblicisti come una esecuzione delle leggi prettamente materiale, ma è riservata al potere esecutivo una sfera libera d'azione, un campo discrezionale nel quale agisce come autonomo; e questo concetto razionale del potere esecutivo si rincontra anche in s. Tommaso, nella dichiarazione che Egli fà del concetto del *praeceptum*. « *De ratione praecepti* (così Egli nella 1-2, q. 99, 1, c) *est quod importat ordinem ad finem, in quantum praecipitur id quod est necessarium vel expediens ad finem.* » Da queste parole rilevasi, come anche nella dottrina dell'Angelico sia riservata all'autorità che ha per compito l'esecuzione delle leggi, una certa discrezione nel determinare ciò che è necessario od espediente al fine, e questo proporre all'osservanza dei soggetti. Laonde il *praeceptum* o la funzione dell'eseguire le leggi ci si presenta in s. Tommaso colle stesse note caratteristiche che nei moderni scrittori il potere esecutivo; possiamo adunque asserire che il *consilium* o *dirigere,* il *judicium* ed il *praeceptum* sieno nel loro contenuto la stessa cosa che le tre funzioni del diritto pubblico moderno, la legislativa, la giudiziaria, l'esecutiva.

Ma prescindendo pure da tutto ciò, abbiamo in san Tommaso chiaramente espresso come le funzioni legi-

slativa, giudiziaria ed esecutiva sieno gli essenziali attri-
buti della Sovranità. E quanto alla prima afferma il
s. Dottore, che nessuno ha il diritto di far leggi se non
la comunanza sociale, o la persona che la rappresenta e
ne fà le veci; (1-2, q. 90, 3, o — q. 92, 2, 2^m — q. 95,
4, c — q. 96, 1, 4, c — q. 97, 3, 3^m — q. 98, 3, 3^m
— 2-2, q. 50, 1, 3^m — q. 57, 2, c — q. 60, 6, c —
q. 67, 1, c) e dando la nozione della legge dice che
per esser tale, la legge deve essere *ab eo qui comunitatis
curam habet promulgata;* (1-2, q. 90, 4, c) donde si vede
come la facoltà di far leggi sia un diritto esclusivo ed
essenziale del potere sovrano. L'applicazione delle leggi,
o il potere esecutivo che s. Tommaso esprime colla parola *praeceptum,* è anche esso cosa tutta appartenente
all'autorità sovrana, la quale avendo special cura del
bene comune, è sola competente a provvedere ciò che
ad esso conduce, e dar norme per la retta esecuzione
delle leggi. (2-2, q. 147, 3, c) Lo stesso dicasi dell'amministrazione della giustizia o potere giudiziario, poichè
la giustizia diretta al bene comune è una speciale virtù
che dicesi propriamente *giustizia legale,* (2-2, q. 81, 8,
1^m — 3 Sen. d. 9, q. 1, a. 1, q. 2, c prin.^{o} — Eth.
lect. 2, fi) ed essendo il Principe quegli che deve curare il bene comune, la giustizia legale deve essere propria principalmente del Principe; (2-2, q. 58, 6, c —
q. 60, 1, 4^m — Eth. 5 lect. 2 fi) ad esso quindi o al
potere sovrano deve spettare il diritto o potere di giudicare; il che è confermato anche da un altro testo ove
del Principe è detto : « *Iustitiae in eo zelus accenditur, dum
consideret ad hoc se positum ut loco Dei judicium in regno
exerceat.* » (De Reg. Princip. lib. I cap. XII)
   Qui è da osservare come la funzione giudiziaria non
consiste solo nel *jus dicere,* ma si esplica in un secondo
momento, in un'altra funzione quella del *punire,* nella

quale funzione dicesi *giustizia punitiva*. L'autorità sovrana
perciò nell'esercizio della sua funzione giudiziaria deve
essere investita eziandio della funzione o potere *punitivo*.
Quindi l'Angelico scrive, che essendo grave impedimento
al bene comune la malvagità degli uomini, il Principe
deve mediante le punizioni reprimere le iniquità; (De
Reg. Prin. lib. I cap. XV) e per tal guisa far sì che almeno per timore delle pene s'inducano gli uomini a far
buone opere e desistere dalle perverse. (In 3° Sent. d.
40, 2, c — Rom. 5 lect. 6 me° — c° 13 me°) Senza
la giustizia punitiva non sarebbe possibile la unità o pace
dello Stato, perchè continui sarebbero i tumulti e i dis-
sidii. Oltre a ciò la funzione del punire è conseguenza
della natura stessa del potere sovrano nello Stato. Poichè questo per proprio ufficio *curam habet comunitatis, e*
nel concetto di *cura* oltre il *dirigere* e il *regere*, v'ha ancora il *corrigere* o *reducere deviantem* cioè appunto il punire, perchè *corrigere est cogere ad emendationem per poenas.*
(In 4° Sent. d. 19, q. 2, 1, o) Finalmente se allo Stato
spetta il potere legislativo, gli dovrà anche competere il
punitivo essendo questo intimamente legato a quello, poichè *actus legis quadruplex: imperare seu praecipere, vetare seu
prohibere, permittere et punire.* (1-2, q. 92, 2, o)

Chiaramente pertanto dimostra il s. Dottore competere allo Stato o all'autorità sovrana il diritto di punire.
Entriamo ora per poco a studiare questo diritto, ed esa-
miniamo le teoriche dell'Angelico sulla pena. La definizione che Egli ci dà della pena è una definizione tutta
dialettica: la pena è una *corruptio agentis*, come la colpa
è una *corruptio actionis.* (1ª q. 48, 5, 6, o — 1-2, q. 21,
1, 3ᵐ — Quaes. de Malo q. 1, 4, c — 6ᵐ — 8ᵐ — 5,
c — q. 3, 7, c) Sviluppando questa definizione aggiunge
che tre sono gli elementi essenziali della pena; che cioè
sia contro il volere del paziente, sia inflitta a cagione

di una colpa, e consista in sofferenze *ab extrinseco*, provenga cioè da un principio esteriore il cui effetto è quel che dicesi *passione*. (1-2, q. 46, 6, 2ᵐ — Quaes. disp. de Malo 1, 4, o) Nel primo elemento *contra voluntatem,* si scorge una prima differenza dalla pena in senso teologico o morale che dicesi *poenitentia*, alla quale il paziente si sottomette volontariamente: « *poenitentia est in reo secundum voluntatem ejus* ». (3ª, q. 85, 3, o — q. 90, 2, c — 4 Sent. d. 17, q. 1, a. 1, q. 6, c — d. 16, q. 1, a. 1, q. 2, c) L'altro elemento della pena si è che dessa debba infliggersi per una colpa, e a seconda della natura della colpa si ha un'altra differenza dalla *poenitentia*, poichè questa ha in mira l'offesa di Dio, la pena l'offesa sociale. (Ib.) È quindi profondamente distinta in s. Tommaso la pena in senso giuridico o *poena* propriamente detta, e la pena in senso teologico o morale o *poenitentia*. Noi non parleremo che della prima.

I tre elementi della nozione della pena costituiscono altrettante note per cui si differenzia dalla colpa. (Quaes. de Malo q. 1, 4, c. fi — 1ᵐ — 2ᵐ — 5, c) La prima è che mentre la colpa è un *malum actionis*, la pena è un *malum agentis*. La seconda è che mentre la colpa è secondo la volontà dello agente, la pena è contro il di lui volere. La terza finalmente consiste nel modo di essere e di manifestarsi, perchè mentre la colpa si presenta come qualcosa di *attivo, (agendo)* la pena è alcun che di *passivo. (patiendo)*

Analizziamo anche più particolarmente il concetto della pena fornitoci da s. Tommaso, *corruptio agentis*. La pena in primo luogo ci si presenta come una *corruptio* o come un *malum* o una *passio*. E tale deve essere veramente per propria indole perchè è *contra voluntatem*, e perchè suo scopo è di atterrire coloro che non vogliono ubbidire alle leggi, *ut timore poenae cogantur ad faciendum* _bonum;_ (3 Sent. d. 40, 2, c — Rom. 5 lect. 6, me° — c° 13 me°) laonde necessariamente deve consistere in un _malum_ e perciò dicesi _corruptio._ Ma dicesi ancora che è una _corruptio agentis._ _Agere_ secondo s. Tommaso significa _habere dominium actionis;_ (Verit. q. 5, 9, 4^{m}) l'_agere_ quindi suppone un soggetto dotato di libertà, e perciò la pena non potrà aver luogo, se non quando il _malum_ _actionis_ sia un prodotto dell'attività libera dell'uomo. Onde soggiunge l'Angelico, che in tanto l'uomo è passibile di pene in quanto ha una volontà libera; la quale volontà è _il_ soggetto primario e quasi il fondamento come della colpa così della pena. (2 Sent. d. 41, q. 2, 2, 5^{m} — Quaes. de Malo q. 4, 5, c) In questo concetto è riassunta sinteticamente tutta la teorica della imputabilità, poichè se l'uomo può essere punito in quanto _agens,_ cioè come dotato di libertà d'azione, ne discende che non potrà parlarsi di pena quando cotesta libertà è tolta, o essendo scemata, alla diminuzione di libertà dovrà corrispondere una conveniente diminuzione nel grado di pena. Però è da avvertire come non ogni _malum actionis_ cade sotto l'azione penale dello Stato, ma solo quelle azioni malvagie che direttamente turbano l'ordine sociale e si oppongono al bene comune: « _justitia vindicativa est pro offensa in comuni:_ » (3^{a} q. 85, 3, o — q. 90, 2, c — 4 Sent. d. 17, q. 1, a. 1, q. 6, c — d. 16, q. 1, a. 1, q. 2, c) le altre azioni malvagie che restano nel foro della coscienza, sfuggono all'azione dello Stato, e si puniscono volontariamente dallo stesso colpevole mediante la _poenitentia._ (Ib.) E con ciò sono stabiliti gli estremi della nozione della pena in s. Tommaso, nozione come si vede completissima, perchè da essa ricavasi la soluzione di tutte le questioni che si agitano nel diritto penale, sia riguardo alla pena dal lato oggettivo, sia riguardo alla imputabilità giuridica dell'uomo.

Ma in quali maniere concrete e sensibili dovrà effettuarsi la *corruptio agentis*, o in altri termini in che dovranno consistere le punizioni da infliggersi dal potere sociale? Per rispondere a tale domanda è d'uopo rimontare allo scopo dello Stato. Consiste questo preso come scopo immediato e diretto, nella *bona vita*; ogni individuo quindi che vive nello Stato partecipa alla *bona vita*. La *bona vita* consiste nell' esplicamento delle forze intellettuali e morali dell'uomo dirette al bene, e nella copia dei beni materiali necessarii a sostenere la vita; perciò l'individuo nell'associazione politica si rappresenta come una persona con proprii diritti, e più o meno fornito di beni materiali: lo Stato completa e svolge questi diritti, garantisce il possesso di questi beni. Ma l'uomo che si macchia di un delitto, dice s. Tommaso che *ab ordine rationis recedit*, e come tale non è più uomo, si riduce alla condizione delle bestie prive di ragione, e non ha più diritti nè personali nè reali. (2-2, q. 64, ar. 3) Quindi la punizione deve consistere nel sopprimere o diminuire secondo i casi al delinquente l'esercizio de' suoi diritti personali o reali, perciò lo Stato nella funzione punitiva dovrà colpirlo o nella persona o nei beni, e le pene riguarderanno o la persona o i beni del colpevole, e questi sono i due generi di pene che riscontransi in s. Tommaso. Sulla persona del delinquente ha il potere sovrano un gravissimo diritto, quello d'infliggere la pena di morte, la principale fra le pene corporali. (Cg. 4, c° 52 prin.° — In 4 Sent. d. 37, q. 2, 1, 4^m) Le ragioni per le quali il s. Dottore giustifica questo gravissimo diritto nel potere sociale sono due, l'una basata sulla necessità della conservazione del bene comune, l'altra sulla condizione a cui riducesi l'uomo che delinque. L'autorità sovrana ha *ex jure naturae* il diritto e il dovere di procurare tutto quanto è espediente a conservare il bene comune; e se qualche membro del corpo sociale é pericoloso o porta corruzione nel resto del corpo, lo si può toglier di mezzo colla morte, come nel corpo umano si taglia e si getta via un membro corrotto. Ed ecco la pena di morte giustificata *ex jure naturae*, perocchè se la società umana è reclamata dalla natura dell'uomo, tutto ciò che concorre a conservare la società umana sarà anche reclamato dalla natura. (2-2, q. 64 ar. 2 — De Reg. Prin. lib. III cap. XI) Secondariamente poichè come sopra abbiam detto, l'uomo che delinque decade dalla sua dignità di uomo e si riduce allo stato di animale irragionevole, la società potrà disporne come di un animale qualsiasi, e se le sia d'uopo potrà anche dargli la morte. (2-2, q. 64, ar. 2) Per queste ragioni conclude s. Tommaso, che spetta al potere sociale di punire i colpevoli con pene corporali sulla loro persona, e specialmente con quella che è più grave di tutte, la pena capitale. Ma come sopra dicevamo, oltre la persona lo Stato nella funzione punitiva può colpire i beni del delinquente, sopprimere cioè o diminuire l'esercizio de' suoi diritti reali, sempre in conformità del principio già detto, che colui che delinque non è più nel completo possesso de' suoi diritti; e però dice s. Tommaso, che *ratione delicti* può il Principe o l'Autorità sovrana porre le mani sui beni dei sudditi, (De Reg. Prin. lib. III cap. XI) è ciò mediante le confische e le multe. Così nelle teoriche dell'Angelico la funzione punitiva si esplica sulla esistenza dell'uomo, sia direttamente troncandola di netto colla morte, sia indirettamente togliendo o diminuendo la possibilità di sopperire mediante i beni corporali agli svariati bisogni che la stessa esistenza reclama.

Una importante ricerca viene ora in proposito, quale sia cioè per s. Tommaso il fondamento del diritto di punire, ricerca che include in sè l'altra dello scopo della pena. La più grande disparità di opinioni sù tale questione si riscontra nelle moderne scuole de' penalisti; ma le medesime possono ridursi a tre classi, le teoriche *assolute* che mettono a fondamento e scopo della pena l'idea della giustizia in sè o la giustizia assoluta, le *relative* che considerano la pena come un mezzo per un altro scopo al di fuori di essa, le *miste* che cercano di conciliare le due prime. Le teoriche assolute partono dal principio della *retribuzione giuridica;* il delitto si punisce perchè il male di sua natura merita male, v'ha una necessità morale che i colpevoli sieno puniti, perchè v'ha la necessità di far trionfare il diritto stato violato; e se l'uomo viola il diritto degli altri, è giusto che la stessa sorte tocchi anche a lui; quindi in ultima analisi nelle teoriche assolute si pone per base la necessità di contrapporre al fatto delittuoso un altro fatto di contraria natura. Le teorie relative invece considerano la pena come mezzo per uno scopo sociale o individuale, e questo scopo è per la società la propria difesa e conservazione, per l'individuo la preservazione dal delitto e l'emenda; quindi le scuole della *intimidazione o coazione psicologica ,* della *emenda* e della *difesa sociale.* In queste dottrine scorgesi il fondamento comune che non si punisce il male per riaffermare e far trionfare la giustizia come nelle teorie assolute, ma per prevenire e allontanare nuovi reati; oggetto quindi della pena è piuttosto il *prevenire* che il *reprimere,* mentre il contrario è nelle teoriche assolute. I colpevoli sono altrettanti nemici che mirano a distruggere la società, essa quindi ha il diritto di difendersi contro di essi, e ciò effettua mediante la pena. Le teorie miste infine ammettono da un lato la giustizia assoluta, dall'altro l'interesse della società, stabilendo il principio che l'autorità sociale deve punire le cattive azioni per la loro intrinseca immoralità, ma non tutte deve punirle, chè a tanto sarebbe essa insufficiente, ma quelle soltanto che ledono un interesse sociale; sendo appunto compito di essa autorità di tutelare e svolgere tutti gl'interessi della comunanza. Ciascuna di queste diverse teorie ebbe illustri propugnatori e seguaci sì nell'antichità che nelle moderne epoche, e determinarono in ogni tempo un differente indirizzo nelle legislazioni penali. Il principio seguito da s. Tommaso entra nella categoria dei sistemi eclettici, in quanto che la teoria della pena in s. Tommaso si fonda sopra la combinazione di un principio assoluto e relativo. Guardando infatti la definizione che della pena ci dà il santo dottore, *malum passionis ob malum actionis*, è facile scorgere come dessa ripeta la sua giustificazione dalla necessità *dialettica* di contrapporre un male ad un altro, e però si punisce il colpevole pel principio della giustizia assoluta che il male merita male, e il male della colpa trae seco per la natura stessa delle cose e per una legge ineluttabile dell'ordine morale, un'altro male quello della pena. Con ciò s. Tommaso si riporta alla teorica della *retribuzione giuridica* nella sua forma più spiccata. V'hanno però d'altro canto parecchi passi, nei quali con chiare parole si afferma che la pena ha la sua ragione anche nella utilità sociale, nel senso che per la conservazione della società civile è necessario impedire e tog, di mezzo tutto ciò che tende a distruggere e a scindere la unità. Or questo è quel che fanno i malvagi colle loro riprovevoli azioni, quindi l'autorità sociale che ha per suo principale obbiettivo la conservazione della comunanza, della sua pace e unità, deve dirigere la propria azione contro i colpevoli infliggendo ai medesimi le meritate punizioni. Ed ecco la pena giustificata per questo lato dall'utile della società: « *Consonum videtur naturae ut dominium sit concessum pro pace ac justitia conservanda, jurgiis ac discordiis resecandis. Ad hoc videtur provisum ut mali puniuntur.* » (De

Reg. Princ. lib. III cap. V) Così pure in quell'altro passo·
in cui il s. Dottore giustifica la pena di morte, dice espres—
samente che come per il bene delle membra sane del
corpo si può tagliare il membro guasto, così *pro bono·
reipublicae* vanno puniti i colpevoli; cioè la pena è reclamata da una utilità tutta sociale. (De Reg. Prin. lib. III
cap. XI) « *Incidit quodammodo in servitutem bestiarum, ut
scilicet de ipso ordinetur secundum quod est utile aliis.* » (2-2,.
q. 64 ar. 2 e 3) Però questo bene comune alla cui conservazione si dirige la funzione del punire, oltre che la
repressione dei reati esige pur anco la prevenzione dei
medesimi, quindi s. Tommaso ne avverte che oggetto·
della pena è anche la *intimidazione* e la *emenda,* come rilevasi dal capo XV del libro I *De Regimine Principum:* « *Secundo ut suis legibus et praeceptis, poenis et praemiis homines
sibi subjectos ab iniquitate coerceat et ad opera virtuosa indu-
cat;* » ed altrove il doppio scopo della pena viene espresso
col dire, che ufficio del Principe rispetto all'individuo è
cautelam adhibere ne deviet et reducere deviantem. (4 Sent. d.
19, q. 2, 1, c) In questo modo la funzione punitiva mentre da un lato si dirige al bene comune della conservazione sociale, si dirige dall'altro al bene dei singoli ren-
dendo migliori gli uomini, correggendone i costumi e in-
dirizzandoli al conseguimento della virtù, che è appunto·
lo scopo dello Stato. Donde si pare come questa teorica
della pena di s. Tommaso sia in armonia colla teoria.
generale dello Stato, poichè se scopo di questo è la vita
virtuosa, tutte le sue funzioni e però anche la funzione·
penale che è una delle principali, devono esser dirette
allo scopo medesimo. Riassumendo pertanto possiamo
concludere che la teoria della pena in s. Tommaso è·
una teoria eclettica, perchè partendo dal principio della
necessità dialettica di contrapporre il male della pena al
male del delitto, il quale principio è il fondamento delle·

teorie assolute, si svolge poi e si completa come abbiam veduto, negli altri elementi della utilità o difesa sociale, e della intimidazione o coazione psicologica, con che si accosta alle teoriche relative. Così in questa stupenda teoria la pena ci apparisce diretta al duplice scopo del prevenire e del reprimere i reati, che sono le due con-dizioni per la interna sicurezza e retto ordinamento di uno Stato; e mentre è diretta ad uno scopo sociale lo è an-cora ad uno scopo individuale, i quali due scopi sono tra loro armonicamente intrecciati, perocchè procurandosi di migliorare e tener lungi dalla colpa l'uomo individuo, si contribuisce nel miglior modo al benessere e alla pro-sperità del consorzio sociale. Con ciò la funzione penale è risguardata da un punto di vista ampio, che abbraccia l'individuo e la società, mentre le teoriche assolute e le relative la risguardano da un lato solo, e ne rendono troppo ristretto ed abbassato lo scopo.

Per tal maniera abbiamo compiuto lo studio di questa importantissima funzione del potere sovrano, la funzione giudiziaria considerata nei due momenti di giusdicente e punitiva. In ordine all'altra funzione nella quale propria-mente si concreta il *regere*, e che noi dicemmo funzione *amministrativa* od *esecutiva*, è da notare che s. Tommaso discende molto al particolare, ed enumera una serie di ufficii incombenti alla sovranità, e di diritti che le com-petono per adempiere ai medesimi. Il bene comune, così Egli, (De Reg. Prin. lib. I cap. XV) può essere impedito da tre ostacoli, dalla variabilità delle persone umane per la quale vengono man mano mancando coloro, che es-sendo preposti a diversi officii s'adoprano a procurar questo bene, dalla malvagità degli uomini che colle loro inoneste azioni turbano il comune benessere, dagli esterni nemici che fanno d'ogni lor meglio per vincere e sopra-stare. Quindi un triplice ufficio incombe all'autorità sovrana; di provvedere primieramente a che venendo a mancare i pubblici·ufficiali sieno immediatamente eletti i lor successori, perchè l'andamento dell'amministrazione non ne sia punto intralciato; di provvedere in secondo luogo. a prevenire e reprimere i reati e le perturbazioni dell'ordine pubblico, con un bene ordinato sistema di premii pei buoni e punizioni pei malvagii; finalmente di rendere sicuro lo Stato avverso gli esterni nemici, approntando tutti i mezzi di difesa che valgano a renderlo rispettato e temuto presso gli stranieri.

Ma questi ufficii non servono che indirettamente al raggiungimento del fine dello Stato, in quanto che mirano ad eliminare gli ostacoli che si oppongono ad esso raggiungimento. Altri ufficii incombono al potere sovrano, che direttamente mirano a questo fine. La posizione dell'autorità sovrana nello Stato è quella stessa della ragione nell' uomo, e come la ragione è la regolatrice suprema di tutte le umane forze e facoltà, così l'autorità sovrana è la mente che domina e regge tutto quanto l'organismo della civil comunanza. (De Reg. Princip. lib. I cap. XII) Quindi dessa è che deve regolare e provvedere tutto ciò che è in relazione al fine dello Stato. Or questo fine è come a suo luogo abbiam visto la *bona vita*, per la quale può conseguirsi il fine ultimo cioè la *coelestis beatitudo;* ma a conseguir questo fine due cose sono necessarie, l'una principale cioè l'*operari secundum virtutem*, l'altra istrumentale la *bonorum sufficientia;* lo studio quindi e l'ufficio dell'autorità sovrana dovrà esser diretto a queste due cose, a procurare cioè che gli uomini vivano virtuosamente, e che nulla lor manchi di ciò che è richiesto dai loro bisogni, e che è condizione di un vivere agiato. Quanto alla prima cosa cioè alla *vita virtuosa*, che consiste nell'esercizio della virtù assoluta o delle buone opere, noi parlando del fine dello Stato abbiamo già no-

6

tato che esso non può tendervi se non per via indiretta;
ciò che più strettamente s'attiene al suo compito, è di
prestare le condizioni perchè gli individui possano pratticare questa virtù, e stimolarli alla medesima: e principale condizione di ciò si è l'armonia e la concordia fra
tutti i membri della comunanza. A questo adunque devono esser diretti tutti gli sforzi dell'autorità sovrana, a
procurare cioè l'armonia fra i membri della comunanza
politica, insinuando in loro quella particolare virtù per
la quale si genera questa concordia, e che dà per risultato la pace ed unità della comunanza. Quindi il potere
sovrano porrà ogni sua cura ad impedire le intestine discordie, e queste sorte, a reprimerle e sedarle al più presto. Adempiuto a questo suo primo compito, il potere
sovrano deve dirigere la moltitudine ad *bene agendum*, e
questo sovratutto colla forza dell'esempio, allettando con
i premii riservati ai buoni e spaventando coi castighi da
infliggersi ai malvagii. (De Reg. Prin. lib. I cap. XV)

L'altro elemento necessario per la *bona vita*, che reclama a sua volta altri ufficii e doveri da parte della sovranità, è il materiale benessere della moltitudine conso-
ciata. S. Tommaso designa partitamente varie attribuzioni
che hanno per obbietto ¡il pubblico benessere, le quali
tutte si possono comprendere nella funzione del promuovere la ricchezza. A tale scopo, Egli dice, per l'incremento
e lo sviluppo del commercio che è la primaria sorgente
di ricchezza, è di suprema necessità la sicurezza delle
strade per le quali i popoli possono tra loro comunicare;
quindi il Principe o l'autorità sovrana avrà uno speciale
ufficio di sorvegliare la sicurezza delle strade. ('De Reg.
Prin. lib. II cap. XII) Per facilitare gli scambii sono importantissime le monete, e il batter moneta è ufficio proprio del sovrano, stando la immagine di lui quasi a suggello e garantia dello intrinseco valore che essa rappre-

senta. (lib. II cap. XIII) Inoltre ad evitare le frodi nelle contrattazioni e nella compra vendita delle merci è necessaria la esattezza dei pesi e delle misure, ufficio quindi del Principe sarà d'intervenire colla propria autorità e invigilare perchè sia conservata la fedeltà dei pesi e delle misure. (capo XIV) Tutti questi uffici che hanno per loro scopo diretto l'incremento e la conservazione del materiale benessere del popolo, sono proprii dell'autorità sovrana, in quanto che mediante i medesimi si vengono a prestare le condizioni per la *bona vita* fine diretto dello Stato. V'ha però una parte del popolo che priva di ogni mezzo di sostentamento mena la vita nelle strettezze della miseria: l'autorità che governa ha un rigoroso dovere di venire in ajuto della povertà, poichè essendo il Sovrano il rappresentante e vicario di Dio che è padre de' poveri, la pubblica beneficenza deve essere uno dei principali suoi uffici. A questo poi si soddisfarà coll'istituire nelle singole città e castelli asili ed ospedali ove i poveri trovino soccorsi alle loro miserie, ed anche secondo i casi col venire direttamente in aiuto dei medesimi, somministrando elemosine dal pubblico erario. (lib. I cap. XV)

Sono questi gli uffici enumerati da s. Tommaso che si comprendono tutti nella funzione *amministrativa* dello Stato, uffici che nella forma tipica di Governo secondo s. Tommaso cioè nella Monarchia, si rappresentano come doveri del Principe. A questi doveri però corrispondono da parte del Principe dei diritti, che gli sono indispensabili appunto per la soddisfazione di quei doveri; e di questi diritti il s. Dottore ne riconosce due gravissimi, l'uno sulla persona, l'altro sui beni dei cittadini. Sulla persona dei cittadini abbiamo già visto parlando delle pene, che l'autorità sovrana ha un *jus vitae et necis:* se la conservazione del tutto sociale il richieda, lo Stato ha diritto di toglier di mezzo colla morte coloro che vivendo costituirebbero un pericolo per la società; (De Reg. Prin. lib. III cap. XI) ha cioè il diritto d'infliggere ai colpevoli la pena di morte, il qual diritto però appartiene alla funzione giudiziaria dello Stato. Quello che rientra nella funzione amministrativa di cui ci stiamo occupando, riguarda i beni dei cittadini. Infatti poichè lo Stato ha il dovere di provvedere a tutti i bisogni della comunanza, ha diritto di valersi per soddisfare a questi bisogni, di tutti quei mezzi e risorse che dalla società stessa gli possono venire forniti; perciò ha il diritto d' imporre tasse e percepire tributi sugli averi dei cittadini, i quali tributi saranno sempre legittimi purchè non eccedano la misura richiesta dalla pubblica necessità. (lib. III cap. XI) Ambedue questi gravissimi diritti fanno capo come si vede alla esigenza del pubblico bene; sono cioè determinati e richiesti dal fine stesso della civile comunanza.

Così abbiamo toccato anche di quest'altra funzione del potere sovrano, la funzione *amministrativa* che da s. Tommaso viene compresa nel *regere* o nel *praeceptum*. Dall'esame pertanto che finora abbiam fatto dell'azione dello Stato nel raggiungimento de' suoi fini, possiamo ancora una volta asserire, come quest'azione si concreti secondo le teorie di s. Tommaso nelle tre funzioni del *dirigere, regere* e *corriggere,* (4 Sent. d. 19, q. 2, 1, c) corrispondenti alle tre funzioni legislativa, amministrativa e giudiziaria, come più chiaramente rilevasi anche da un altro passo che qui ci piace addurre quasi a suggello della nostra tesi: « *Item quod regnum non est propter regem, sed rex propter regnum: quia ad hoc Deus providit de eis ut* REGANT *et* GUBERNANT, *et* UNUMQUEMQUE IN SUO IURE CONSERVENT; *et hic est finis regiminis;* » (De Reg. Prin. lib. III cap. XI) cioè *regere* funzione legislativa, *gubernare* funzione amministrativa, *unumquemque in suo iure conservare* funzione giudiziaria.

Ma tutto questo complesso di uffici e di funzioni che
nello Stato tipico di s. Tommaso cioè lo Stato monarchico, sono uffici e funzioni del Principe, richiede un
conveniente numero di ministri ed ufficiali che ad esse
siano preposti, sendo altrimenti impossibile che il Principe possa da sè solo esser sufficiente alle tante e svariate cure del governo dello Stato. Quindi vuole s. Tommaso che il Principe si circondi di ufficiali e ministri,
per mezzo dei quali possa esercitare la sua autorità; (De
Reg. Prin. lib. II cap. VIII e X) i quali ministri devono
tutti esser conformi e concordare col Sovrano come le
membra col capo. Donde rilevasi che cotali funzionarii
non sono *organi* dello Stato nel senso moderno, ma au-
siliarii e delegati del Principe, che dà loro facoltà di agire
in suo nome e vece per l'adempimento de' suoi molteplici uffici; e ciò sempre in relazione al differente principio che sù questo punto informa il sistema Tomistico
ed il moderno Diritto pubblico. Imperocchè in questo
considerandosi lo Stato come persona, i ministri e coloro che agiscono per lo Stato, si rappresentano come
organi della personalità dello Stato, con proprio potere e
diritto di esercitare le funzioni a cui sono preposti;
mentre nel sistema Tomistico in cui lo Stato non è persona, ma tutto s'incentra e s'incarna nella persona del
Principe, i ministri e i pubblici ufficiali non sono che
vicarii e delegati del Principe, dal quale unicamente riconoscono il proprio potere.

Resta che qui facciamo due brevi considerazioni sopra l'azione dello Stato, quale l'abbiamo studiata in san
Tommaso. E primieramente notiamo come essa ha il
carattere di un'azione *subordinata*. Ogni azione prende
norma dal fine al quale è diretta, sicchè l'azione avrà lo
stesso carattere del fine. Ora il fine dello Stato e del-
l'autorità politica in s. Tommaso, è come abbiam visto

un fine subordinato a quello dell'individuo, perciò anche l'azione dello Stato e dell'autorità politica sarà un'azione subordinata a quella dell'individuo, nel senso che dovrà esser diretta ad agevolare e prestare le condizioni per l'esplicamento dell'azione individuale verso il suo fine. Ciò però deve naturalmente intendersi in ordine al fine ultimo al quale tendono l'individuo e lo Stato; il primo direttamente e principalmente colla sua attività, il secondo indirettamente e subordinatamente. Di qui la conseguenza che l'azione dello Stato non potrà mai intralciare e molto meno impedire l'azione dell'individuo, come meglio si vedrà in appresso.

L'altra considerazione riguarda più particolarmente la natura di quest'azione dello Stato. La natura di un'azione è determinata da quella del *soggetto* e del *fine,* perchè come avverte s. Tommaso, (In 2 Sent. d. 1, q. 2, 2, c — Meta. 5, lect. 2, fi. 3) tra il fine e l'agente è la relazione che è tra la materia e la forma. Esaminata pertanto la natura del soggetto che è lo Stato e quella del fine, troviamo che sì l'uno che l'altro hanno la stessa natura etica, e per conseguenza anche l'azione dovrà avere la medesima natura etica. Noi abbiamo già altra volta spiegato cosa s'intenda per natura etica, non sarà però inutile riepilogare ora quelle idee, dichiarando più particolarmenre cosa s'intenda per azione etica. L'agire per un fine, dice s. Tommaso, (1ª q. 2, 3, c fi. — q. 44, 4, 3^m etc. — 1-2, q. 1, 2, c) può avvenire in due modi, o di per sè, ossia che il soggetto muova sè stesso al fine, ovvero venga mosso da altri. Il primo modo è tutto proprio dell'uomo creatura razionale, l'altro è proprio degli animali. L'uomo quindi in quelle operazioni che diconsi *umane,* si ordina da sè stesso al proprio fine; (1-2, q. 1, 1, c) imperocchè egli conosce il proprio fine, conoscendolo lo vuole, e volendolo muove sè medesimo

ed agisce per raggiungerlo. (1-2, q. 6, 1, o) Ora in
questo appunto consiste la natura etica dell'uomo, vo ·
lere liberamente il suo fine ed operare liberamente per
esso; ed è perciò che tali operazioni diconsi *volontarie,*
e per questo concorso d'intelligenza e volere gli atti
umani acquistano la qualità *morale,* per la quale son detti
buoni o *cattivi.* (4 Sent. d. 16, q. 3, ar. 1, q. 1, c — Ma.
q. 2, 4, 6, c) Quindi anche l'associazione politica dovrà in sè ritrarre questa natura etica dell'uomo singolo,
perchè ogni associazione finalmente si concreta negli individui di cui si compone. Laonde questi individui nel mentre che sono associati per un fine, vogliono liberamente
questo fine e i mezzi per conseguirlo, e vogliono per
conseguenza anche l'azione per raggiungere il fine, la
quale azione in quanto è liberamente voluta, è un'azione
etica. Ecco perciò che la comunanza politica avrà anche
essa la natura etica, e la sua azione sarà un'azione etica,
tale essendo la natura del soggetto.

Ma lo è anche per la natura etica del fine, sia che si
consideri il fine ultimo dell'uomo, ovvero si riguardi soltanto il fine immediato e diretto dello Stato. Il fine ultimo dell'uomo pel conseguimento del quale lo Stato nei
suoi limiti presta le condizioni, è un fine essenzialmente
etico. L'uomo come essere etico cioè intelligente e libero
nelle sue operazioni, dotato di libertà, non può avere altro
oggetto della sua volontà che il bene, ed il bene è il vero
e proprio fine etico. (1ᵃ q. 48, 5, c — q. 59, 2, c — q.
105, 4, c — q. 106, 2, c — 1-2, q. 1, 6, c — q. 5, 8, c
— q. 8, 1, o) Ma il fine ultimo dell'uomo è Dio essendo Iddio sommo bene, e come tale è il fine etico
per eccellenza. Quanto poi al fine immediato e diretto
dello Stato, poichè questo fine è riposto nel *vivere secundum virtutem,* basta solo enunciarlo per dimostrare la natura etica del medesimo; poichè la *virtus* in quanto è un

bene morale o la tendenza della libertà umana verso il bene, riveste essenzialmente il carattere etico; il *vivere secundum virtutem* è lo scopo dell'Etica, e in esso si ha la realizzazione di tutte le leggi dell'Etica. Se pertanto etico è il soggetto dell'azione cioè la comunanza politica, etico il suo fine sia ultimo sia immediato, dovrà concludersi che l'azione dello Stato o il suo esplicamento per conseguire detto fine, sia un'azione etica. Tutto ciò del resto è conseguenza della natura stessa dello Stato, che come abbiam visto è un tutto etico; quindi la sua azione dovrà essere etica anche essa, perchè come nota s. Tommaso: « *modus operandi cujuslibet rei sequitur modum essendi ejus.* » (1ᵃ q. 89, 1, c — In quaes. de Anima 2, 7ᵐ)

Quindi apparisce quanto nobile ed elevata sia l'azione dello Stato in questa teorica che ne dà il s. Dottore. Anzi tutto si osservi come per s. Tommaso lo Stato è dotato di una propria attività, ha doveri da compiere, diritti da esercitare; mentre coloro che riducono lo Stato alla pura sfera negativa, e gli assegnano il semplice compito di conservare la coesistenza delle forze, sono per necessità costretti a far di esso un cadavere inerte, incapace di muoversi da sè medesimo, e mentre da un lato ne abbassano il fine, dall'altro gli negano affatto ogni azione e quindi ogni vitalità. Invece per s. Tommaso lo Stato è qualche cosa di vivente, qualche cosa che agisce ed opera, rendendosi così omaggio alla stessa nostra coscienza, la quale ci dice chiaramente che questo gran tutto politico nel quale siamo nati e nel quale viviamo, non esaurisce tutto sè stesso solamente nel garentirci il possesso de' nostri diritti, ma opera qualche cosa per noi, aiuta il nostro operare, anzi colla sua attività giunge là dove l'operare dei singoli o non arriverebbe, o arriverebbe con grave fatica e dopo lungo lasso di tempo. Ma nella teorica dell'Angelico non solo lo Stato è una forza

che si muove ed opera, ma una forza di natura nobilis--
sima cioè una forza etica, diretta ad un altissimo fine
ed essenzialmente etico, quale è il possesso del sommo-
Bene e della virtù che è la via per conseguirlo; fine che
è conosciuto e voluto da tutti i membri della comunanza,
i quali componendosi nel tutto dello Stato riuniscono le-
loro singole attività in un'azione complessa, che è anche-
un'azione cosciente e libera. Così l'azione della società
politica ha la natura medesima dell'azione dell'uomo individuo, il quale perciò non vede nello Stato qualche
cosa di estraneo e di ripugnante a sè medesimo, ma vi
scorge invece riprodotta la sua stessa natura. Oltre a ciò e-
per la loro natura e pel fine a cui son dirette, oltre ogni
dire nobilissime ed eccellenti sono le funzioni in cui si
estrinseca cotesta azione, funzioni che riguardano l'uomo-
nel suo lato più nobile, quali l'educazione religiosa e morale, la coltura scientifica ed artistica, tutto insomma che
è necessario ad ottenere il risultato del *vivere secundum-
virtutem*. E qui si scorge quanto il concetto di s. Tommaso delle funzioni dello Stato sia superiore a quelle-
moderne teorie, che o non gli attribuiscono altra funzione-
che la sicurezza riducendolo a un *gendarme*, o gli assegnano soltanto il compito del materiale benessere, con--
centrando i suoi sforzi al lucro e facendone un merca--
tante; laddove lo Stato ha per propria natura funzioni
d'ordine assai più elevato: la sicurezza, il benessere ma--
teriale son tutte cose necessarie diceva Aristotele, (Pol.
III, 5) ma non costituiscono esse sole il centro intorno-
a cui deve aggirarsi l'attività dello Stato, ma questo
centro è riposto nel provvedere ciò che s'attiene alla
parte migliore della umana creatura, che cioè risguarda
la sua natura di essere razionale; è riposto vale a dire
in quegli ufficii che uno dei moderni scrittori il Roma-
gnosi, ha riassunti nella funzione dell'*Incivilimento*, la quale-

non è che quella che s. Tommaso molto tempo prima avea designata nel *vivere secundum virtutem;* frase assai più comprensiva perchè riguarda tutti ì gradi dell'umano incivilimento sì intellettuale che morale. La vita virtuosa infatti presuppone la cognizione del bene da parte della intelligenza, cognizione scevra da errori e da dubbii; da parte del volere presuppone l'emancipazione dalle passioni, dagli impulsi e dagli istinti derivanti dalla natura animale dell'uomo; quindi lo Stato dirigendosi allo scopo della *virtuosa vita* si esplicherà in funzioni tendenti ad educare la mente ed il cuore dell'uomo, per dissipare da quella gli errori e i dubbii, da questo le influenze delle passioni e degli inferiori istinti; cioè in altre parole la funzione dello Stato sarà una funzione altamente educativa, che sola può procurare il vero incivilimento e il vero progresso dell'uomo. Ma tutto ciò ripetiamo, è conseguenza dell'altissimo fine della comunanza politica, la vita virtuosa; perchè come altra volta dicemmo, le funzioni sono intimamente legate al loro scopo e ne seguono la natura. Così per s. Tommaso le funzioni dello Stato hanno raggiunto un'elevatissimo grado, in quanto che sono dirette a condurre l'uomo individuo alla completa perfezione della sua natura intellettuale e morale.

Con ciò abbiamo compiuto lo studio dello Stato considerato in quanto agisce ed opera, lo studio cioè delle sue funzioni: ora è da vedere fin dove giunga e quali termini sieno imposti alla sua attività, ciò che vedremo nel seguente capo.

CAPO SESTO

Dei limiti dell'azione dello Stato.

———

Lo Stato il quale ha un fine, e per raggiungere questo fine è dotato di un'azione che si esercita specialmente mediante l'organo dell'autorità sovrana, si rappresenta come una forza ed una forza etica. Ma lo Stato
così considerato non è che una delle tante forze etiche
che esistono nel mondo morale: molte altre ve ne sono
che si trovano e dentro e fuori dello Stato, aventi anche
esse il loro fine, dotate di attività ed agenti pel conseguimento di esso. È dunque necessario che lo Stato
colla sua azione non turbi l'azione di queste altre forze
che pure agiscono pei loro scopi, è necessario perciò
che fra queste forze e lo Stato si stabilisca un' ordine,
un' armonia per la quale niun urto mai avvenga fra
loro, e l'attività dell'una non impedisca ed intralci l'attività dell'altra; ossia è necessario che fra le diverse forze
etiche si stabilisca una relazione, la stessa relazione cioè
che passa fra i diversi fini di ciascheduna. Donde apparisce che la sfera d'azione di ciascuna forza non può es-

sere sconfinata, ma deve estendersi soltanto fin dove
non s'incontri colla sfera d'azione delle altre forze. L'a-
zione dunque dello Stato e del potere politico ha anche
essa i suoi limiti, determinati appunto dalla necessità della
coesistenza delle diverse forze morali, e dalla possibilità del
loro esplicamento per conseguire i loro scopi. E se è vero come disse Platone, che nell'armonia delle forze morali stà il giusto, o come disse Dante, *(De Monarchia)*
che nella proporzione di uomo ad uomo stà il diritto,
studiando noi i limiti di ciascuna forza per i quali si
stabilisce fra esse questa armonia o proporzione, noi entriamo in un campo che è vero campo giuridico, entriamo a stabilire dei principii che sono veri principii di
diritto.

Quali sono pertato queste forze che esplicando la
loro attività s'incontrano coll'azione dell'Autorità politica
o dello Stato, e si pongono come limiti alla medesima?
Alcune di queste forze son dentro lo Stato, e di queste
la primordiale e principale che costituisce per dir così
l'atomo primo del corpo sociale, è l'individuo. Ma l'individuo per sopperire à suoi bisogni e raggiungere i suoi
fini si organizza in associazioni, la prima delle quali e
la più naturale è la famiglia; poi ne vengono altre determinate da speciali scopi, come sarebbero commerciali,
scientifici ec. Quindi lo Stato oltre che s'incontra col-
l'azione dell'individuo, si incontra pur anco coll'azione di
queste associazioni. V'hanno poi altre forze, delle quali
una trovasi in una sfera superiore allo Stato e questa
è la Chiesa, la quale essendo universale abbraccia tutti
gli Stati e non è in alcuno di essi compresa, ma ciò
non ostante penetra per così dire nella società politica,
la nobiltà colla sua influenza elevandola all'ordine superiore della grazia, la informa e vivifica, ed è come l'a-
nima al corpo. Quelle forze poi che sono al tutto fuori

dello Stato, sono gli altri Stati. Noi non ci occuperemo di questa ultima parte, quella cioè che concerne le relazioni degli Stati fra loro, essendo l'oggetto del presente lavoro quello solo di considerare lo Stato in sè e nei suoi rapporti coll'individuo: d'altronde lo studio dei rapporti fra gli Stati ci condurrebbe ad una ben lunga trattazione, tanto che i medesimi oggi formano oggetto di una speciale Scienza. Parleremo però dei rapporti fra lo Stato e la Chiesa, essendo in questi riposta la nota caratteristica non solo del sistema politico di s. Tommaso, ma di tutto il Diritto pubblico nel Medio Evo.

Cominciamo pertanto dallo studiare i limiti dell'azione dello Stato in rapporto agli individui. In altre parole questa ricerca si propone di stabilire qual sia il rispetto che l'Autorità politica dello Stato deve portare alla libertà dei singoli individui, e in quale misura questi possano usare della loro libertà, e pretenderne la inviolabilità di fronte allo Stato. Ricerca questa importantissima, come quella che ha per iscopo di fissare la vera posizione di diritto della personalità umana nel grande corpo sociale. L'uomo che vive in società, ha diritto di esplicare la sua attività pel conseguimento de' suoi fini, quindi ha diritto di usare della sua libertà. Ma la società è un complesso di relazioni, che come modificano la esistenza stessa dell'uomo, modificano anche le sue facoltà, e perciò anche la sua libertà deve essere modificata e talora anche in parte sacrificata dall'esigenza della vita sociale. L'autorità sovrana che ha il diritto e il dovere della conservazione del corpo sociale, è quella che mediante l'esercizio de'suoi poteri modifica le libertà individuali. Di qui il dualismo e la lotta fra l'autorità e la libertà, fra lo Stato e l'individuo, fra il bene comune e il diritto dei singoli, in cui si rappresenta nel campo politico quel generale dualismo nel quale Gans riponeva tutto lo svolgimento della

umana attività, la necessità e la libertà. Da questo dualismo hanno sempre avuto origine tutti quanti i moti sociali,
i rivolgimenti politici; e tutte le svariate opinioni e par-
titi che intorno al modo di governare ci presenta la
storia, e che oggi nel moderno costituzionalismo vediamo
designarsi ne' Parlamenti, hanno in esso il loro fondamento; cioè da un lato prevalenza dell'elemento individuale libero, dall'altro prevalenza dell'autorità sulla libertà. Si è già da noi altra volta accennato, come lo stabilire un giusto equilibrio fra questi due elementi sia
gravissimo compito dei pubblicisti e della scienza del
Diritto pubblico, e i legislatori e gli uomini politici debbano nell'indirizzo delle funzioni dello Stato aver sempre in mira di risolvere il più adequatamente che si possa
questo arduo problema, di trovare cioè una transazione
che dia allo Stato abbastanza di potere affinchè possa
ottenere i suoi fini, al cittadino abbastanza d'indipendenza
per giungere ai proprii.

Se consideriamo la storia, essa ci addimostra come
questa grave questione fosse variamente risoluta presso
i diversi popoli e nelle diverse epoche. L'antichità pagana
ci presenta un vero annientamento della personalità u-
mana e della libertà individuale di fronte allo Stato. Lo
Stato Greco esige un incondizionato assoggettamento
dell'individuo, perchè esso è il supremo scopo al quale
devono tendere tutte le forze individuali; l'individuo
esiste per lo Stato, dal quale solamente viene a lui il
suo bene e la sua felicità; abbiamo quindi il completo
sacrificio della individualità allo Stato. A Roma l'individuo ha qualche valore solo nello Stato e per lo Stato,
ma anche qui tutto lo sforzo dell'attività individuale deve
esser diretto al bene della *Civitas* o comunanza politica,
anche qui riscontrasi lo stesso sacrificio della individualità allo Stato. Roma deve essere grande; il cittadino

Romano ha un'alta missione da compiere, quella di dominare gli altri popoli, ma questa missione l'ha in quanto è parte del tutto, quindi la sua individuale attività ha valore in quanto si coordina al tutto; v'ha quindi assoluta prevalenza dell'elemento politico sull'elemento individuale. L'antichità classica adunque porta per suo carattere questa prevalenza, ma più in Grecia però che a Roma, perchè quivi la personalità umana ha speciali rapporti distinti da quelli che riferisconsi allo Stato, donde la distinzione che si trova nella legislazione Romana fra Diritto pubblico e privato. Ma quando la luce del Cristianesimo cominciò a brillare nel mondo, allorchè la Fede bandita dall'Uomo-Dio apparve in mezzo agli uomini, fu allora che cominciò il risollevamento della umana personalità, il riconoscimento completo dei diritti della natura dell'uomo, l'affermazione vera della sua dignità e libertà di fronte al dispotismo dello Stato. La nuova Religione, predicando una destinazione umana oltre mondana, una legge divina alla quale sono egualmente soggetti sudditi e regi, un fine soprannaturale da conseguirsi da ciascun uomo colla sua individuale attività cioè colle sue opere virtuose e sante, fine ultimo per raggiungere il quale lo Stato tiene ragione di mezzo, e però esso deve da sua parte prestare le condizioni per l'opera dell'individuo e agevolarla; rialzò immensamente la persona umana, le diè tutto il suo pieno valore abbassando d'altra parte dinanzi a lei lo Stato. La profonda sentenza del Vangelo « *veritas liberabit vos, la verità vi farà liberi* » racchiude in sè la più perfetta nozione della libertà che siasi mai data, non solo della libertà morale dell'uomo, in quanto che il possesso della verità rappresenta la emancipazione da tutti i secondarii impulsi, ma eziandio della libertà politica, perchè in essa sentenza si afferma come l'uomo operando alla stregua delle eterne verità della Fede, e dirigendo le sue azioni al conseguimento del possesso del sommo Vero che è Dio stesso, possa sottrarsi e in alcuni casi anche opporsi all'azione dello Stato, proclamando la sua indipendenza da esso. E due fatti che son del tutto proprii del Cristianesimo, ci forniscono la pratica attuazione di questo concetto della libertà. L'uno è il fatto dei martiri, i quali col loro sangue sugellano la lotta del principio religioso contro l'autorità politica che quel principio volea reprimere, e proclamano al tempo stessa la libertà della loro coscienza di fronte alla tirannide, e la fede in una superiore destinazione il cui conseguimento non può essere impedito dallo Stato. L'altro fatto è la istituzione del Monachismo, la quale ci offre l'uomo che segregatosi da ogni umano consorzio attende nella solitudine al conseguimento del suo fine; addimostrando così come l'associazione politica non sia assolutamente necessaria per giungere all'ultimo fine dell'uomo, ma v'ha invece la possibilità di conseguir questo fine senza lo Stato o la comunanza politica, e al di fuori di essa. I dettati adunque del Cristianesimo furon quelli che rialzarono l'individuo di fronte allo Stato, e diedero il vero valore alla libertà umana e ai diritti della umana personalità; e perciò la speculazione dei Padri della Chiesa e di tutta la Scuola teologica del Medio Evo che appunto incarnò e dette forma scientifica a quei dettati, porta per sua speciale impronta il riconoscimento e l'elevamento della persona individuale in tutto il suo pieno valore. A questa scuola appartiene s. Tommaso; noi quindi già possiamo essere in grado di conoscere dall'ambiente in cui egli vive, dallo spirito che informa la speculazione filosofica a cui appartiene, quali possono essere le sue teorie nella questione delle libertà individuali e dei limiti dell'azione dello Stato. Noi andremo seguendo passo passo il s. Dottore in questa ri-

cerca, esaminando partitamente i limiti che per ogni singola funzione dell' autorità sovrana vengono in omaggio alla libertà ed attività individuale dal medesimo
assegnati.

La teorica dei limiti dell'azione dello Stato rispetto
agli individui in s. Tommaso si riporta anche essa al
fine dell'individuo e della società. Vedemmo già trat-
tando del fine dello Stato che s. Tommaso concepisce,
come già l'avea concepita Aristotele, una serie od *architettonica* di fini l'uno all'altro subordinato, alla quale corrisponde un'architettonica di agenti e di azioni. In questo organismo o architettonica le azioni dei varii agenti
si trovano fra loro nell'identico rapporto in cui si trovano
i fini rispettivi, e il limite imposto all'attività di ciascuno
agente non sarà imposto da altri che dallo stesso suo
fine, cosicchè tanto potrà agire ciascuno agente, quanto
è richiesto per l'adempimento del suo fine. (1ª q. 116
o — Cg. 3,° c.° 109 — Quaes. disp. Malo q. 1, 1, c
— 2° Sent. d. 1, q. 2, 2, c) Posto questo principio, ecco
le conseguenze che ne derivano. Il fine dello Stato come
a suo luogo si dichiarò, è secondo la teoria dell'Angelico un fine secondario e subordinato a quello dell'individuo, sendo il fine ultimo, la *aeterna beatitudo*, fine ultramondano e tutto individuale. Se adunque primario è
il fine dell'individuo e subordinato quello dello Stato, primaria sarà anche l'azione dell'individuo, subordinata
quella dello Stato. Questo perciò dovrà nel suo agire
avere il massimo rispetto per l'attività dell'individuo, e
coordinare ad essa la propria attività, perchè la medesima
non ne sia menomamente turbata. In questa teoria pertanto si ha la maggiore garentia per i diritti dell'individuo e per l'esplicamento della sua libertà; si afferma
una superiorità dell'individuo sullo Stato, derivante dalla
superiorità del fine dell'uno sopra quello dell'altro, per

7

la quale l'attività del tutto politico [trovasi limitata da quella dell'individuo. E notisi come questa limitazione dell'attività dello Stato non ne costituisca un difetto o ne scemi l'importanza, provenendo detta limitazione non da estrinseche forze, ma dalla propria natura di essa attività e dal suo fine, tanto che dessa non potrebbe estendersi davvantaggio; perocchè come nota l'Angelico, tanta è l'attività di ciascuno agente, quanta ne fà mestieri pel conseguimento del suo fine. (3 Sent. d. 27, q.. 1, 1, c) Questo generale principio del massimo rispetto che lo Stato deve ai diritti individuali, vediamo ora come si determini nelle particolari relazioni tra l'autorità sovrana e i sudditi.

Non ostante la superiorità del fine dell'individuo sù quello dello Stato, la natura della società civile, l'esigenza della sua conservazione reclamano che l'autorità politica dello Stato si trovi verso l'individuo nel rapporto di superiore ad inferiore. Senza questa posizione di fatto e di diritto, la società come abbiamo già osservato non potrebbe sussistere, sendo assolutamente necessario a costituire e conservare il corpo sociale questo principio direttivo e sovrano, che è l'elemento formale della nozione dello Stato. Da tale posizione di fatto e di diritto discende l'obligo del rispetto, della obbedienza, della sudditanza nelle membra del corpo sociale; obligo solennemente sancito dall'Aquinate e da tutti i Dottori Cattolici con quel dettato dell'Apostolo, che chi nega sommessione al potere legittimo, la nega a Dio stesso; «*qui potestati resistit, Dei ordinationi resistit.*» (In 2 Sent. d. 44, l. 6ᵐ) É dunque un rapporto di sudditanza quello che corre fra le membra del corpo sociale e l'autorità politica: la presente trattazione ha per iscopo appunto dì ricercare fin dove si debba estendere questa sudditanza.

A risolvere tale questione fà d'uopo osservare che

s. Tommaso considera lo Stato nella sua natura, come un'organismo analogo agli organismi che ci offre la natura fisica. Nell'organismo umano (così Egli in Evang. Matth. cap. 12) la ragione ha sulle inferiori potenze ed appetiti un principato *politico*, perchè questi possono resistere ed opporsi al suo imperio; mentre sulle membra del corpo ha un principato *dispotico*, non potendo le membra di per sè opporle alcuna resistenza. Nel primo caso adunque dicesi che la ragione ha un principato *politico*, perchè le potenze che le sono soggette *habent aliquid proprium ex quo possunt reniti praecipientis imperio*. Laonde, conclude s. Tommaso, nell'organismo le parti hanno una vita propria, per la quale *physice saltem* possono resistere al principio movente. Lo stesso avviene nell'organismo politico. Le membra ossia gl'individui organizzati non perdono la vita propria, non rinunziano ad agire secondo la loro natura. Ma questi individui sono uomini dotati d'intelligenza e volere, e quindi dotati di libertà; (1ª q. 83, 3, 4, o — 1ª-2, q. 1, 1, c — 2-2, q. 24, 1, 3ᵐ) e perciò nell'organismo politico le forze devono conservare la propria natura di libertà, ed esplicare ed usare della loro libertà; ed è questo quel che intende s. Tommaso, dicendo che esse conservano *aliquid proprium ex quo possunt reniti praecipientis imperio*. Si vedrà in seguito in quali casi e in quale misura sia lecita ed onesta questa *renitentia;* ora però resta · assodato come nel concetto tomistico viene assegnata agli individui riuniti in società politica una sfera libera di azione, un *aliquid proprium*, che deve essere rispettato dall' autorità politica. E questa posizione di *diritto* degli individui nello Stato, per la quale è ad essi riservata una sfera di libertà, è così essenziale al concetto e alla natura dello Stato, da costituirne la nota caratteristica; imperocchè come osserva il s. Dottore, il Principato politico (cioè il regime più eccellente, tipo di ogni altro regime,) si fonda appunto sù questa posizione di diritto, e si differenzia per essa dal principato dispotico, forma men retta e più gravosa di governo. (P. 1, q. 81 ar. 3 ad 2.) La natura stessa pertanto del Principato politico esige, che gli individui ad esso soggetti sieno individui liberi con una libera sfera d'azione, per la quale possono in taluni casi anche opporsi ai voleri dell' autorità imperante; teoriche queste che sono perfettamente conformi, anzi sono legittime conseguenze dei principii già svolti della filosofia Cristiana della superiorità del fine dell'individuo sù quello dello Stato, e della indipendenza che l'uomo ha da esso nel conseguimento de' suoi supremi destini.

È necessario però ora concretamente determinare il riconoscimento da parte dello Stato della sfera di libertà individuale, ed il rispetto ad essa dovuto dall' autorità politica nell'esercizio delle sue funzioni sovrane. Abbiam visto come tali funzioni possono ridursi a tre, alla legislativa, giudiziaria ed esecutiva. Per farci dalla prima cioè dalla legislativa, è da osservare che quantunque venga accordata al Principe in questa funzione un'amplissima facoltà, che si riassume nell'antico detto: « *voluntas principis legis habet vigorem;* » però questo principio ha pure i suoi limiti, perchè l'Angelico subito soggiunge che per essere applicato tale dettato, e perchè la *voluntas principis* possa avere l'efficacia di legge, deve avere un requisito essenziale, che la medesima cioè debba essere *razionale* ossia regolata dalla ragione, e solo sotto questa condizione deve prendersi quel dettato, perchè senza di essa non si avrebbe già una legge ma una iniquità, una violenza, la negazione e la corruzione della legge: « *Voluntas de iis quae per rationem imperantur, ad hoc quod legis rationem habeant, oportet ut sit aliqua ratione regulata, et hoc modo intelligitur quod voluntas principis habet vigorem legis.* »

(1-2, q. 90, 1, 3^m — q. 92, 1, 4^m — q. 93, 3, 2^m — q. 60, 5, 1^m) Con questo principio viene consacrato dal santo Dottore il rispetto che l'autorità legislativa deve portare alla personalità umana, e scongiurato il pericolo che la medesima possa essere offesa dagli eccessi del potere che detta le leggi. Ma s. Tommaso avverte eziandio come la stessa ragione del rispetto e della garentia ai diritti della umana personalità, è quella che reclama le leggi, un sistema costituito di legislazione. Senza le leggi, Egli osserva, (1-2, q. 95, 1, 2^m) sarebbe lasciato un vasto campo all'arbitrio di chi comanda, con grave danno di chi deve ubbidire. Le leggi infatti si fanno da uomini giusti e sapienti, che è assai difficile ritrovare ad ogni singolo caso; si fanno in relazione di ciò che ordinariamente e da lungo tempo avviene, e per conseguenza con maturità di giudizio; si fanno poi stabilendo regole universali ed astratte, senza tema perciò che il legislatore abbia a subire l'influenza dell'amore o dell'odio, o di qualche altra passione che potrebbe agire sull'animo di chi ad ogni caso concreto è chiamato a dettare la norma del giudizio. Quindi, conclude l'Angelico, è necessario determinare per legge il più che si può le norme delle azioni umane, per lasciare il più ristretto campo che sia possibile all'arbitrio dell'autorità che ne' casi prattici deve pronunziare i suoi giudizii, ed esercitare sugli uomini i suoi sovrani diritti. Come si vede chiaramente, la ragione fondamentale di tali dottrine è la tutela e il rispetto dei diritti dell'individuo, i quali mediante le buone leggi che stabiliscono norme costanti ed universali, non soggette al volere e al capriccio di chi deve applicarle, son posti al coperto da qualsiasi abuso dell'autorità imperante. Pertanto l'esistenza sola delle leggi è già una garentia per l'individuo che vive nello Stato; ma questa garentia ci apparirà maggiore, se si rifletta ai requi-

siti che s. Tommaso vuole in ogni legge, requisiti che
sono totalmente ispirati a questo rispetto e garentia della
persona del cittadino. Perchè sia giusta una legge, (1-2,
q. 96, 4, c) deve esser giusta per il *fine*, per l'*autorità*
da cui emana, e per la *forma*. Pel primo requisito si
avrà la giustizia della legge, quando le regole che essa
detta siano tali da condurre al fine cui mira cioè il bene
comune; per l'*autorità* la legge è giusta quando emana
da chi ha il diritto di farla, e per la *forma* finalmente
quando è tale che a tutti accorda la stessa misura di diritti e doveri, che l'Angelico chiama *aequalitas proportionis.*
(Ib.) E questi requisiti risguardanti il fine, l'autorità e
la forma, possiamo anche riscontrarli nella definizione
che della legge dà il s. Dottore: « *ordinatio rationis ad
bonum comune ab eo qui comunitatis curam habet promulgata;*»
(1-2, q. 90, 4, c) dove l'*ordinatio rationis* è la forma, perchè l'ordine secondo ragione è la *aequalitas proportionis;*
ad bonum comune è il fine; *ab eo qui comunitatis curam habet* è l'autorità. Ma l'Angelico illustrando in altro luogo
questi requisiti che Egli assegna alla legge, ci fà vie
meglio conoscere quali garentie sieno date alla umana
libertà, e di quanto rispetto ai suoi diritti personali goda
l'individuo nel suo assoggettamento alla legge. Dice
Egli pertanto (1-2, q. 95, 3, 0) che la legge deve esser
giusta ed onesta, cioè conforme all'assoluta moralità;
deve essere *possibile,* tale cioè che i sudditi possano senza
sforzo e grave incomodo osservarla, la quale possibilità
deve valutarsi avuto riguardo alle particolari costumanze
del popolo, e alle circostanze di tempo e di luogo alle
quali deve adattarsi la legge per non riuscire gravosa a
chi deve osservarla. Deve inoltre esser diretta al bene
comune, altrimenti sarà tirannica; e finalmente deve esser *chiara,* affinchè non avvenga che colla interpretazione
se ne allarghi o restringa il senso, lasciando così un largo

campo all'arbitrio. Da tutto questo pertanto si vede chiaro, come una legge siffatta che risponda a tali requisiti, non potrà mai violare la umana libertà, sendo i medesimi diretti appunto allo scopo di garentire i diritti individuali dagli abusi del potere; e a suggello di questa teoria san Tommaso pone il principio, (1-2, q. 96, 4, 0 — 2-2, q. 12, 2, 1^m — q. 60, 5, 1^m) che solo quando la legge è giusta, corrisponde cioè ai detti requisiti, allora soltanto sono gli uomini obbligati in *coscienza* ad osservarla, altrimenti non vi saranno tenuti, tranne che per evitare mali maggiori. Così è consacrato nel cittadino il diritto di negare soggezione alla legge, quando questa non sia conforme a giustizia o violi alcuno de' suoi diritti, il che è quanto di meglio può desiderarsi nell'interesse della libertà individuale nel consorzio politico dello Stato. Ed ecco come per san Tommaso la libertà umana, il diritto dell'individuo si pone come limite all'azione dello Stato nella sua funzione legislativa, la quale in ordine ai generali concetti che informano il sistema filosofico politico di san Tommaso, tanto deve esser lungi dall'assorbire e in qualsiasi modo ledere l'azione individuale, che invece deve porre ogni sua cura ad agevolarla e dirigerla pel conseguimento del suo fine.

Vediamo ora come questa stessa azione dell'individuo sia garentita e rispettata di fronte all'altra funzione del potere sovrano, la funzione *giudiziaria;* vediamo cioè il limite di questa funzione. Anche sù questo punto troviamo stabiliti dall'Angelico tali principii, da doverne inferire che niuna offesa a' suoi diritti possa mai temere l'individuo dall'autorità, che nell'esercizio del suo potere giudiziario ad essi si attenga. Infatti pel retto esercizio di questo potere s. Tommaso con savissimo accorgimento assegna tre requisiti, la *giustizia*, l'*autorità*, la *prudenza*. Se il primo manca, il giudizio che emana dal potere giudicante sarà iniquo e perverso; se manca il secondo, il giudizio sarà usurpato; se il terzo, sarà temerario o sospetto. (2-2, q. 60, 2, 3, 6, o — q. 67, 1, o '— 4 Sent. d. 48, q. 1, 1, c — Rom. 2, lect. 1, prin.°) Col primo requisito cioè la giustizia, vuole il s. Dottore che il giudizio sia tale da rendere a ciascuno il suo, e che colla maggiore esattezza equilibri i diritti e i doveri di ciascheduno, poichè *reddere unicuique quod suum est, est proprius actus justitiae,* (1ᵃ q. 21, 1, c — 2-2, q. 58, 11, o — q. 66, 3, 5, o — In 2 Sent. d. 27, 3, c — d. 44, q. 2, 1, c) e *justitia in quadam aequalitate. consistit.* (1-2, q. 114, 1, c — 2-2, q. 57, 1, c — 4 Sent. d. 14, q. 2, a. 1 — d. 15, q. 2, a. 6, q. 1, 1ᵐ) Col secondo della *auctoritas* richiedesi che il giudizio emani solamente da chi ha la legittima potestà di giudicare, che se sia pronunciato da altri, emana da uno che si è arrogata una facoltà che a lui non ispetta, da un'usurpatore, e il suo giudizio sarà *usurpatum*. E finalmente quanto al terzo . requisito del retto giudizio la *prudentia*, s. Tommaso prescrive che il giudice deve sempre aver dinanzi a sè la legge, e da essa attingere il suo criterio. (2-2, q. 60, 5, o) E questa è garantia somma per chi deve essere giudicato, poichè come osserva il medesimo s. Dottore, il pronunziato della legge è sempre sereno ed imparziale, mentre allorchè il giudice pronuncia giudizii secondo il suo proprio arbitrio, può facilmente esser mosso dalla passione. (1-2, q. 95, 1, 2ᵐ fi.) E sempre a tutela del giudicabile s. Tommaso propugna il principio, che il giudice deve formare il suo giudizio soltanto sopra ciò che viene giudizialmente allegato e provato, sicchè gli è affatto illecito pronunziarsi secondo ciò che può aver conosciuto fuori del giudizio come persona privata; anzi se le risultanze del giudizio lo esigono, deve giudicare anche contro quello che egli sà per privata informazione.

(2-2, q. 34, 6, 3^m — q. 67, 2, o — In 4 Sent. d. 27, q. 1, a. 2, q. 4, 1^m) L'Angelico poi esorta i giudici a volere imitare nell'esercizio del loro ministero i giudizii divini, come il vero ed unico modello della perfetta giustizia. (2-2, q. 10, 11, c — q. 108, 4, 2^m — In 4 Sent. d. 18, q. 1, a. 3, c — q. 2, a. 1, a. 3) Ci sembra pertanto che il potere giudicante il quale s'ispira a questi concetti, e i cui pronunziati vadano forniti di quei requisiti di sopra accennati, non potrà mai riuscire a violare i diritti della persona umana o ad abusare della sua potestà; imperocchè ci sembra che quei concetti e quei requisiti abbiano il loro fondamento e il loro scopo nella tutela appunto di quei diritti, nel sancire cioè il *limite* che in omaggio ai medesimi deve essere assegnato all'Autorità dello Stato nell'esercizio della sua funzione giudiziaria.

Abbiamo già osservato che la funzione giudiziaria non si compie tutta nel pronunciare giudizii, ma v'ha un secondo momento, quello della *giustizia esecutiva* o funzione *punitiva*. Quindi il diritto individuale deve essere garentito dagli abusi del potere sovrano anche in questa funzione; anzi è in questa appunto che potrebbe esso correre maggior pericolo di esser violato, poichè la pena porta di sua natura la restrizione del diritto. Fà d'uopo perciò che tale restrizione del diritto non vada più oltre di quello che è reclamato dalla gravità e natura del delitto che si vuole punire; se la pena eccede questi limiti, viola la personalità umana e diventa essa stessa un delitto. Sono questi i concetti che riscontransi in s. Tommaso in ordine a questo punto, dei *limiti* cioè della funzione giudiziaria punitiva. Cominciando infatti dal criterio *direttivo* che deve guidare il giudice nell'applicazione delle pene, il rispetto alla persona dell'uomo che deve soggiacere alla pena, lo troviamo solennemente sancito nel principio che vien posto dall'Angelico, (2-2, q. 108,

1, 0 — q. 158, 1, c — 3^m — In 3 Sent. d. 33, q. 3, a. 4, q. 1, 4^m — In 4 Sent. d. 14, q. 1, a. 3, q. 1, 3^m — In quaes. de Malo q. 12, 1, c — 8^m — 14^m — Rom. 12, lect. 3, me° etc — ca. 13, lect. 1, me° — Hebr. 10, lect. 3, fi.) che cioè per essere legittima e giusta, l'applicazione della pena non deve aver per movente l'odio personale e per iscopo il male e il danno del delinquente, ma deve essere *propter bonum* cioè per la emenda e per la repressione dei colpevoli, e per la sicurezza degli altri. Escluso quindi dall'animo di colui che punisce, l'odio e la volontà di far male, è tolto di mezzo il pericolo che la pena possa esser men che giusta, ed ecceda i limiti richiesti dalla giustizia con danno di chi deve subirla. Questo che è criterio direttivo, ne porta seco altri che più da presso concernono la misura da tenersi nell'applicare la pena, perchè non leda i diritti della persona. Qui si parte dal concetto della *crudelitas*. L'eccesso nell'applicazione della pena, il punire un fatto delittuoso oltre la misura richiesta dalla gravità e dalle circostanze del medesimo è la *crudelitas*, (2-2, q. 157, 1, 3^m — q. 159, 0) la quale per tre modi può trovarsi nel giudice, o per la sua *animosità*, o per la sua *rapacità*, o per la sua *severità*. (Isa. 5, fi.) Questi tre vizii nei quali consiste la *crudelitas* sono proprii dei tiranni, i quali *onerant praeceptis*, (animositas) *affligunt poenis*, (severitas) *spoliant rebus*. (rapacitas) (Isa. 9 prin.°) Non così però avviene nel buon governo. In questo ad eliminare il vizio della *animositas* s. Tommaso stabilisce il principio già riferito, che l'afflizione della pena è giusta quando è *propter bonum, e non principaliter intendatur malum peccantis;* il 'che vuol dire, che non deve l'autorità che punisce essere mossa da ragioni personali contro il colpevole, come sopra si è accennato, ma dal solo scopo del bene comune e dall'interesse della giustizia, il che costituisce l'animo

del giudice in una sfera tranquilla e serena da rendere
il suo giudizio pacato ed imparziale. Ed ecco pertanto
allontanato il vizio della *animositas*. Contro quello della
severitas il s. Dottore proclama che: *« judex debet esse faci-
lior ad absolvendum quam ad condemnandum;»* (2-2, q. 70,
2, 2^m) e che: *« bonus judex est diminutivus poenarum quae suo
arbitrio relinquntur.»* (2-2, q. 67, 4, 1^m) Finalmente contro il vizio della *rapacitas* s. Tommaso pone il canone
che: *« omnia sunt principum ad gubernandum, non autem ad
dandum aliis vel sibi,* (nel che propriamente consiste la
rapacitas) et leges tales sunt tyrannicae. » (Quol. 12, 25, fi.)
Anzi non si contenta solo di qualificare come tiranniche
siffatte leggi, ma và più oltre dicendo, che un Principe o
una autorità imperante che si appropria i beni dei sudditi non *secundum justitiam* ma per rapacità, si fà reo di
rapina, e però gl'incombe stretto obbligo di coscienza
della restituzione alle persone ingiustamente spogliate.
(2-2, q. 66, 8, c — 3^m) Rilevasi pertanto da tutto ciò
che finora si è esposto, come pei principii dell'Angelico
sia evitato il pericolo della *crudelitas* nell'amministrazione
della giustizia punitiva, ed evitato quindi il pericolo che
essa eccedendo dalla giusta misura offenda il sacro diritto dell'individuo. La personalità adunque dell'uomo ci
si presenta anche in questa teorica nel miglior modo
garentita e tutelata, sia che si consideri il criterio direttivo della giustizia punitiva, sia che si considerino gli
speciali criterii che dominano nell'applicazione delle
pene; i limiti che dessa umana personalità pone all'azione
punitiva dello Stato, sono nelle teorie di s. Tommaso
tali quali sono richiesti dalla retta ragione e dalla vera
giustizia. Ed ecco per tal modo esaurita la trattazione
dei limiti della funzione giudiziaria nei due momenti in
cui si esplica, cioé della giustizia giusdicente e della giustizia punitiva.

Resta ora a vedere in qual maniera sia posto in rispetto
e garentito il diritto individuale di fronte alla terza funzione dello Stato, alla funzione *amministrativa o esecutiva;*
dobbiamo cioè trattare dei *limiti del potere esecutivo.* Si è
già da noi osservato come tale funzione venga da san
Tommaso espressa nel *regere.* Questo supremo potere di
governo pel quale l'autorità dello Stato provvede a condurre le membra dell'associazione politica al loro fine,
importa di necessità un diritto sulle persone e sulle cose
de' sudditi, per il quale lo Stato pel conseguimento del
suo fine può usare e servirsi delle medesime. Così come
già si è esposto, lo Stato impone tasse sugli averi dei
cittadini, e si serve della loro persona per condurli a
combattere contro i nemici. Ma questo diritto pel quale
si esplica la funzione del *regere* o la funzione amministrativa dello Stato, deve essere ristretto in quei giusti
confini che sono richiesti dal diritto che ha la persona
individuale di non essere in nessuna maniera offesa e
violata nè in sè nè nelle sue cose, e che d'altro canto
sono determinati dal fine stesso di questa funzione. Imperocchè essendo il *regere* secondo san Tommaso *actus
providentiae,* (In 4 Sent. d. 49, q. 1, a. 2, q. 5, c) la *ratio
providentiae* importa un giusto e retto esercizio di tutte
le funzioni che sono ordinate al fine, altrimenti *recta
ordinatio in finem esse non potest.* (2-2, q. 49, 6, 3ᵐ) La
quale *rectitudo* di esse funzioni considerate nello Stato, significa che debbano essere esercitate in quella giusta misura che è richiesta dal fine, il qual fine essendo subordinato a quello dell'individuo, quelle funzioni debbono
essere esercitate in guisa da non turbare menomamente
l'azione individuale, ma debbano invece garentirla ed a-
gevolarla. Ma oltre a ciò la natura stessa del Principato
politico importa la moderazione nelle funzioni ammini-
strative che si compendiano nel *regere,* perchè questa mo-

derazione nel governare costituisce la nota caratteristica, per la quale il Principato politico che si esercita sui liberi, si differenzia dal dispotico che si esercita sui servi. (De Reg. Prin. lib. II cap. VIII — lib. IV cap. XVI) Quindi s. Tommaso dice che il re deve nel regnare esser giusto e clemente, come giusto e clemente è Iddio che regna nel mondo; (De Reg. Prin. c.° XII) e l'abuso che egli faccia del suo potere è cosa pessima, (1-2, q. 2, 4, 2^m — 2-2, q. 65, 3, 1^m) tanto che si rende meritevole che gli sia tolta la sua sovrana potestà. (Ib.) Parlando poi più particolarmente del diritto dell' autorità imperante sulle persone e sulle cose de' sudditi, il s. Dottore insegna che la misericordia deve essere a base di tutti gli atti della medesima che concernono i sudditi, come la *severa giustizia* lo è di quelli che riguardano i nemici, (Psal. 2, fi — Psal. 32, prin.° — Psal. 44, me.°) e che ha bensì il diritto l'autorità politica dello Stato di imporre ai cittadini di concorrere colle loro sostanze a far sì che lo Stato possa giungere al compimento de' suoi fini, ma cotal diritto non deve essere inteso nel senso che il Principe possa cogli averi de' sudditi arricchir sè medesimo od altri, (chè le leggi che tendessero a ciò sarebbero tiranniche) ma deve usar questo diritto solo tanto per quanto è richiesto dai bisogni della pubblica amministrazione e dalla esigenza del pubblico benessere. (In Quol. 12, 25 fi — De Reg. Prin. lib. III cap. XI — Rom. 13, lect. 1, fi.) Quindi è che l'autorità politica la quale non impiega pel pubblico bene i tributi che riscuote, si fà rea di gravissimo peccato, come se ne fà rea altresì se esiga tali tributi oltre la misura stabilita dalla legge, e oltre ciò che possono comportare le sostanze di chi vi è soggetto. (Rom. 13 lect. 1, fi.) Cotali dettami che l'Angelico pone come norme dell'esercizio del sovrano diritto di amministrazione o governo spettante all'autorità imperante, ci sembrano essere più che sufficienti a mantenere inviolati i diritti dei cittadini, e a tener lontani gli eccessi del potere nell'esercizio di cotesta funzione. L'amministrazione dello Stato regolata da tali principii offre tutte le possibili garentie, non solo di non opporsi mai o d'intralciare l'azione dell'individuo, o di sacrificare in qualche parte lo svolgimento della sua libertà, ma di promuovere invece nella maniera più efficace il pubblico benessere in tutti i rami della vita sociale.

Ed ecco per tal guisa studiato anche come la libertà dell'individuo, il suo diritto di agire verso il proprio fine si ponga come *limite* all'esercizio della terza delle funzioni dello Stato, la funzione *amministrativa*, come la si poneva all'esercizio delle altre due, la legislativa e la giudiziaria. Le dottrine dell'Angelico Dottore soddisfano adunque completamente anche in questa parte a quanto può richiedersi dalla Scienza, dalla equità e dalla giustizia: l'individuo e lo Stato sono due forze che s'incontrano nella strada che mena ai loro rispettivi destini, ma non si urtano; la libertà e l'autorità, la personale inviolabilità e la legge, il bene privato e il pubblico sono in queste teoriche bellamente intrecciate in guisa che l'una serve di aiuto e di perfezione all'altra, e l'una e l'altra si mostrano animate dallo stesso impulso e dirette al medesimo termine, il raggiungimento della suprema destinazione dell'uomo. Questo è il fine ultimo in ordine al quale lo Stato conforme lo dottrina di tutta la scuola Teologica tiene ragione di mezzo, e la sua azione ha carattere di azione subordinata a quella dell'individuo; e però la sudditanza che questi presta all'autorità imperante non è illimitata, ma in tal maniera determinata, che in fondo sempre apparisce l'affermazione della superiorità del fine e azione individuale sul fine e azione dell'associazione politica. Ragionevolmente pertanto conclude s. Tommaso, che la libertà umana non viene punto offesa dal potere supremo dello Stato, quando questo sia diretto al compito che gli è imposto dalla sua stessa natura, il bene cioè dei cittadini: « *dominium ordinatum ad bonum subditorum nullum praejudicium vel detrimentum facit libertati.* » (In 2 Sent. d. 44, q. 1, 3, 1^m — q. 2, 2, 1^m — In 4 Sent. d. 24, q. 1, a. 1, q. 1, 1^m)

La teoria dei *limiti* delle funzioni dello Stato viene dagli scrittori moderni trattata sotto la forma di teorica delle *Libertà Costituzionali.* Se non che la differenza che intorno a questo punto corre fra l'antico e il moderno Diritto pubblico, consiste in questo che oggi si sono formulati in determinati principii e canoni legislativi, e consacrati con speciali sanzioni quei criterii, che negli antichi scrittori erano semplici conseguenze dei generali dettati e di tutto l'insieme dei concetti ai quali s'informava la Scienza e l'indirizzo politico degli Stati: erano corollari che naturalmente discendevano come in s. Tommaso ci è accaduto vedere, dalle nozioni stesse di Stato e di sovranità, dal loro fine, dalla loro origine e fondamento. La inviolabilità dei diritti individuali si trova oggi garentita dagli *Statuti Costituzionali,* e dalle speciali leggi che le disposizioni degli Statuti svolgono e dichiarano nelle prattiche applicazioni; nei tempi che precedettero le moderne riforme e soprattutto in quelli del predominio della scuola Teologica, il rispetto alle libertà individuali era affidato alla coscienza de' Principi, era un sacro dovere imposto da una comune autorità alla quale principi e sudditi doveano esser soggetti, l'autorità di Dio. Ma nei secoli che susseguirono la cosidetta Riforma religiosa, e soprattutto alla metà del secolo XVIII, allorquando per le empie e false massime dei filosofi scredenti fu proclamata la indipendenza della ragione umana e la negazione della fede, e si volle riconoscere un Diritto esclusivamente fondato sulla ragione e sulla natura, fu allora che si mosse una aperta guerra al Diritto Divino; e tolta dal concetto dell'autorità politica degli Stati ogni idea religiosa, si volle portare nel popolo la fonte ed il principio del potere, cosicchè il Principe fu considerato come un funzionario posto ad eseguire il volere del popolo, responsabile verso di esso, che ad arbitrio di esso popolo poteva essere cambiato e deposto. In questa condizione di cose era ben naturale, che tolto all'autorità il freno proveniente dal concetto religioso di un supremo Dominante che veglia sulle azioni de' Principi per sottoporle ad un rigoroso sindacato, si sentisse il bisogno di ricorrere ad altri freni per contenere i possibili eccessi del potere politico. Imperocchè quando l'uomo non vede in chi gli comanda il rappresentante di Dio ma sibbene un'altro uomo simile a lui, sente naturalmente nascere nell'animo suo la diffidenza verso chi gli sovrasta, vede nell'imperante una sinistra potenza alla quale suo malgrado è necessitato sottomettersi, e nelle azioni di lui paventa di continuo un'attentato a' suoi diritti. Siffatti freni si credette trovarli nei sistemi legislativi, in alcuni patti che si vollero porre fra popoli e sovrani, nei quali venivano sancite e consacrate determinate norme dirette a garentire i diritti dell'individuo, norme da non potersi impunemente violare dall'autorità sovrana. Così furono stabiliti i limiti reciproci dell'azione individuale e di quella dello Stato, e furono ridotti a formole e precetti legislativi quei principii, che nei concetti dei filosofi cristiani doveano essere insiti nella coscienza dei Principi; si resero cioè *estrinseci* quei vincoli imposti alla autorità de' Governanti che prima erano *intrinseci*, ed ecco le *libertà costituzionali* stabilite negli *Statuti* in tanti articoli di legge, protette da determinate sanzioni. Ma questo fatto, l'essersi cioè formulate in leggi le libertà costituzionali, segna a nostro avviso un regresso nella storia politica dei popoli, poichè esso significa la sfiducia dei sudditi verso il potere governante, il bisogno di reprimere l'autorità invadente di questo, e l'illanguidamento in genere della coscienza che pur dovrebbe essere sempre vivissima dei reciproci diritti e doveri dei sovrani e dei sudditi. Questo fatto però come accennavamo, trova la sua spiegazione nel diverso indirizzo del moderno Diritto pubblico, pel quale riconoscendosi nel popolo la fonte del potere, e nel sovrano un delegato del popolo, era mestieri stabilire dei patti fra popolo e autorità sovrana, mediante i quali il popolo vedesse chiaramente determinato fin dove dovessero estendersi i proprii diritti, e fossero d'altra parte prefissi i limiti al potere imperante, non più astretto da quei freni d'ordine religioso e morale riconosciuti dalla Scuola Teologica e dai pubblicisti cristiani. Nelle epoche recenti, sotto l'influsso delle moderne teorie si è parlato dei *Diritti dell'Uomo;* nelle epoche più lontane sotto l'ispirazione cristiana si preferiva parlare dei *Doveri dei Prìncipi;* ma mentre questi consecrati dalla Religione eran posti sotto il sindacato di una Autorità onniveggente e giusta per essenza, quelli si affidano alla tutela di leggi scritte, che concordate fra il popolo ed il Monarca possono mutarsi ed anche affatto cancellarsi, secondo il prevalente capriccio dell'uno o dell'altro di questi due elementi. I diritti adunque della persona umana, le libertà individuali si trovano negli scrittori del Diritto Divino riconosciuti e garentiti di fronte al potere sovrano nè più nè meno che nei moderni scrittori e nelle politiche Costituzioni degli Stati, anzi meglio che in queste, perchè fondati sopra principii d'ordine sopranaturale e divino, che sono basi assai più salde che non le leggi umane e le convenzioni sottoposte natu-

ralmente a tutte le vicissitudini degli uomini, dei tempi
e delle circostanze: i limiti delle funzioni o poteri dello
Stato come ci sembra aver chiaramente provato in san
Tommaso, non sono il risultato di un patto fra sovrano
e sudditi o concessioni della legge, ma sono la stretta
ed inevitabile conseguenza di tutto l'indirizzo della speculazione politica, per la quale l'individuo affermando un
proprio fine ed una destinazione superiore a quella dello
Stato, reclama da questo il rispetto a' suoi diritti, la
garentia e l'apprestamento di quanto richiedesi pel pieno
esercizio dei medesimi.

A questo punto una grave questione ci si para dinanzi. Posti pure in principio ed in teoria i limiti all'e-
sercizio del potere sovrano determinati dal rispetto alla
libertà individuale, stabilito pure come regola che l'autorità sovrana debba con ogni cura guardarsi da ogni
abuso de' suoi poteri, potrà però bene accadere che talora
il potere trasmodi questi limiti e diventi *tirannico;* in questo caso quali saranno i mezzi prattici per ricondurlo nei
suoi confini e reprimerne gli eccessi? La maniera per
giungere a tale intento, di cui han sempre fatto uso i
popoli oppressi dal potere, è stata la resistenza per mezzo
della forza, l'insurrezione violenta di tutti i cittadini dello
Stato per abbattere l'autorità costituita, cioè la *Rivoluzione.* Questa che è la forma più naturale ed espressiva
del malessere di un popolo, dagli scrittori del Diritto
pubblico moderno fu elevata a dottrina, venne riconosciuta siccome un diritto che appellano *diritto di resistenza;*
l'insurrezione di un popolo colla forza per ispogliare del
potere l'autorità imperante, fu da essi considerata come
l'attuazione del supremo diritto di sovranità che unicamente compete al popolo stesso, poichè chi conferisce al
Principe il diritto di comandare, ha anche la facoltà di
toglierlo, e se il governo usurpa la libertà dei cittadini,

la società ha il diritto e il dovere di respingere alla sua
volta il sedizioso attentato. Era ben logica una tale teoria
dopo ammessi i principii della sovranità popolare e della
origine del potere predicati da Rousseau e dagli altri
scrittori del Diritto naturale, che cioè il popolo ha diritto di cambiare la forma di governo, quando questo
usurpa i diritti del popolo; e siccome allorchè il potere
sorpassa i limiti concessigli esce fuori del campo del diritto, e gli abusi che commette li commette mediante la
forza, il popolo, dice Puffendorff, (Trad. per Barbeyrac
lib 7 cap. 8) può legittimamente contraporre la forza
alla forza, insorgendo a mano armata per affermare il suo
supremo diritto di sovranità. Non è quindi meraviglia,
che sotto questo punto di vista la resistenza al potere
opprimente fu dai pubblicisti moderni più che un diritto
considerata un dovere, anzi da taluni di essi fu con
frase enfatica detta *il più santo dei doveri*. Oggi adunque
si riconosce ne' popoli un *Diritto di Rivoluzione*; ma cotali teoriche per le quali si è voluta legittimare la resistenza e la reazione al potere imperante, erano già state
vittoriosamente confutate dall'Angelo di Aquino, che por-
tò sù questa questione una dottrina quanto profonda nei
suoi principii, altrettanto provvida ne' suoi effetti. Distingue Egli varii casi. Il tiranno può esser tale *usurpatione,*
che cioè per illeciti modi sia giunto ad ottenere un potere che non gli sarebbe spettato; ovvero può esserlo *regimine,* ossia che quantunque abbia legalmente conseguita
la sua potestà, ne abusa però con ingiusta maniera di
governare. (lect. I in XIII ad Rom.) Nel primo caso insegna s. Tommaso, lo si può legittimamente spogliare
del potere, e la ragione si è che avendo esso usurpato
il dominio colla forza non diventa perciò vero signore,
quindi non si ha veramente una rivolta di sudditi contro
il loro sovrano, ma contro un intruso usurpatore: «*Qui*

enim per violentiam dominium surripit, non efficitur vere prae-latus vel dominus; ideo cum facultas adest, potest aliquis ta-lem dominium repellere: nisi forte post modum dominus ve-rus effectus sit vel per consensum subditorum, vel per auctori-tatem superioris. » (In lib. 2 Sent. d. 44, q. 2, a. 2 in corp.)
Che se però, avverte il s. Dottore, tale dominazione illegalmente incominciata si faccia legale in seguito, o pel consenso dei sudditi, o per l'autorità di un signore su-periore, in guisa che l'usurpatore diventi vero signore, non lo si può lecitamente scacciare. Notisi come s. Tom-maso dice *cum facultas adest*, con che vuole esprimere come anche nel caso del *tyrannus usurpatione,* la espul-sione di lui da parte dei sudditi sia soggetta ad alcune condizioni, senza le quali la medesima può divenire ille-gittima. Rilevasi infatti da altri passi del s. Dottore che più oltre citeremo, come l'insorgere contro l'usurpatore esponga molte fiate lo Stato a gravi pericoli; e la pos-sibilità d'incorrere in tali pericoli rende illegittimo un tal fatto, che in altri casi può essere lecito. E però nota l'An-gelico *cum facultas adest,* il che a nostro avviso vuol dire, che allora solo è lecito insorgere contro l'usurpatore, quando le circostanze lo permettono, e non vi sia a temere di mali maggiori. E poichè della opportunità di tali cir-costanze non può mai essere arbitro il privato individuo, perciò a noi sembra che quella clausola tenda appunto ad escludere che l'insorgere contro l'usurpatore possa competere ai singoli privati. Non è dunque assoluta la facoltà di ribellarsi contro chi colla violenza usurpò il dominio, ma subordinata a determinate condizioni, *cum facultas adest.*

L'altro caso di tirannide contemplato da s. Tommaso (lect. I in XIII ad Rom.) è del *tyrannus regimine* o *ad-ministratione,* di colui cioè che conseguito legittimamente il dominio, ne abusa *per leges manifeste injustas,* procu-

rando non il comune ma il proprio vantaggio. Qui il
s. Dottore in tesi generale ribadisce il principio profes-
sato da tutti i Padri Cattolici, e solennemente sancito
dal concilio di Costanza, dal IV Concilio di Toledo, e
dalle Costituzioni dei Sommi Pontefici Martino V e
Paolo V, che cioè non è punto lecito al popolo insorgere contro il proprio Principe e spogliarlo della sua
autorità, allegando il dettato dell'Apostolo Pietro, che è
d'uopo esser soggetti non solo ai buoni ma anche ai
cattivi Principi, (De Reg. Prin. lib. I cap. VI) donde
conclude esser peccato gravissimo la ribellione dei sudditi contro il proprio Monarca. (2-2, q. 42, 2, o) Questo principio della dottrina Cattolica viene dal s. Dottore
illustrato con varii argomenti, che noi accenneremo di
volo. Primieramente (2-2, q. 67, a. 1, e q. 64, a. 3)
perchè la ribellione fosse lecita, converrebbe supporre
che i sudditi avessero la facoltà di sorvegliare e giudicare la condotta del loro Principe e nel caso punirlo;
esercitassero cioè sopra di lui i diritti sovrani, ossia il
Principe fosse suddito del popolo, lo che si oppone alla
natura stessa dell'autorità sovrana, che sola ha il diritto
e il dovere della conservazione del corpo sociale. Inoltre
della stessa natura del Principato deriva che il Principe
ha a sè superiore solamente Iddio, presso del Quale è
unicamente reo mal governando, quindi i sudditi non
hanno il diritto di giudicarlo e punirlo. (1-2, q. 96, a.
5 ad 3, et in Ps. 50) Finalmente poichè la ribellione,
la sedizione e l'usurpazione dell'altrui diritto non sono
mai lecite, e d'altronde la sollevazione de' sudditi contro
il Principe porta seco di conseguenza appunto la ribellione, la sedizione e l'usurpazione dell'altrui diritto, ne
viene che non possa mai esser lecita la sollevazione an-
corchè di tutto il popolo contro il suo sovrano. (1-2, q.
105, ar. 2 ad 9 — 2-2, q. 42) La sedizione và finalmente

riprovata perchè tende a distruggere lo Stato nella sua essenza, opponendosi essa alla unità e pace della moltitudine, che sono le basi sù cui si fonda tutta la vita dello Stato. (2-2, q. 39, prin° — q. 42, 1, 2, c) Queste ragioni pertanto addotte dall'Angelico ne inducono a concludere che mai possa essere lecita la insurrezione contro il legittimo Principe, o che questa si operi dai singoli cittadini o dal popolo in massa; e come sia d'altra parte conforme a ragione il dettato della Chiesa Cattolica, che cotali insorgimenti de' popoli ha proscritti e condannati. Le teoriche quindi de' pubblicisti moderni, concluderemo noi, che non solo ammisero ma elevarono a diritto la rivoluzione, hanno contro di sè la ragione e il buon senso; poichè il riconoscere un tale diritto vale lo stesso, come ci sembra poter rilevare dall'argomentazione sù riferita di s. Tommaso, che rinnegare affatto il principio d'autorità indispensabile alla esistenza di ogni politica associazione, e quindi scalzare da' suoi fondamenti tutta la economia de' politici ordinamenti, che sono pure così importante condizione pel conseguimento dei supremi destini dell'uomo.

Ma il diritto della popolare ribellione che s. Tommaso dimostra così irrazionale ne' suoi principii, ci viene dallo stesso s. Dottore addimostrato come perniciosissimo ne' suoi effetti. Osserva Egli infatti, (De Reg. Prin. lib. I cap. VI) che se il popolo ribellatosi non ottiene il sopravvento sul Principe tiranno, questi così provocato incrudelirà vie maggiormente, e perciò l'esito della ribellione sarà di aggravare la condizione dei sudditi. Se poi la rivolta ha il suo effetto di prevalere sopra il tiranno, sono infiniti i dissensi che sorgono nel popolo circa il nuovo ordinamento da darsi alla pubblica cosa; i quali dissensi finalmente ad altro non approdano che a dilacerare il corpo sociale, e ad intralciare l'azione dello

Stato con grave danno de' cittadini. Oltre di ché suole accadere per l'ordinario, (e la storia ne offre esempii a dovizia) che in queste popolari sommosse si levi sempre taluno a farsi capo del popolo, e questi se la sommossa riesce a prevalere, diventa egli signore e principe, e temendo che altri faccia a lui quello che egli stesso fece, per meglio assicurarsi il potere costringe il popolo ad una servitù assai più dura che non era quella del primo tiranno; e così la ribellione non sortisce altro effetto, che quello di sottrarre il popolo ad una tirannide per precipitarlo in una peggiore. Dalle quali considerazioni mosso l'Angelico conclude, che è meglio tollerare per qualche tempo una non eccessiva tirannide, che insorgendo contro di essa andare incontro a pericoli assai più gravi e perniciosi: « *Utilius est remissam tyrannidem tolerare ad tempus, quam contra tyrannos agendo multis implicari periculis, quae sunt graviora ipsa tyrannide. — Magis imminet periculum multitudini de amissione Regis, quam remedium de subtractione tyranni.* » Laonde anche avuto riguardo alle sue prattiche conseguenze, è da riprovarsi la tesi che ammette come legittima la sollevazione popolare.

Ma se la tirannide sia *eccessiva*, sia tale cioè da non potersi in alcun modo tollerare senza grave pregiudizio dei diritti della umana libertà e personalità, non vi sarà mai il caso che possa esser lecita una qualche resistenza da parte dei sudditi all'esorbitante potere del tiranno? A meglio intendere la dottrina dell'Angelico sù questo punto, gioverà distinguere due sorta di *resistenza*, l'una che potrebbe dirsi *attiva*, ed è quando i sudditi con vie di fatto si levano contro il sovrano; l'altra che si potrebbe chiamare *negativa*, e consiste nel sottrarsi e difendersi dalle male arti del tiranno. La prima illecita e ingiusta in tesi generale perchè contraria al precetto cristiano della obbedienza anche ai malvagi signori, può

tuttavia esser giusta qnando si compia non *privata prae-
sumptione, sed publica auctoritate.* (De Reg. Princ. lib. I
cap. VI) E quale sia il caso in cui rettamente può dirsi
che si proceda *publica auctoritate,* ci viene dall'Angelico
spiegato nelle parole che seguono: *si ad jus multitudinis alicujus pertineat sibi providere de rege,* quando cioè il
popolo stesso abbia facoltà di scegliere il sovrano. Noì
abbiamo già notato parlando delle forme di governo,
come s. Tommaso riconosca che *l'autorità in concreto,* la
scelta cioè del reggitore possa talora competere al popolo, senza che ciò implichi un principio di sovranità
popolare. Pertanto allorchè sia riserbato al popolo il de-
signare la persona in cui deve risiedere la sovrana potestà, o come suonano le parole dell'Angelico *sibi providere de rege,* in questo caso dico, se il Principe abusi del
suo potere, può dal popolo usarsi la *resistentia activa,* e
legittimamente insorgersi contro di lui e deporlo; poichè in questo caso si ha la *publica auctoritas,* essendo
logico e naturale che colui che chiamò una data persona
ad esercitare le supreme funzioni della sovranità, possa
ove essa ne abusi toglièrle il potere che le ha conferito,
o frenarne gli eccessi; e però in questa condizione di
cose la sollevazione popolare sarebbe l'affermazione e
l'esperimento di un vero diritto: « *Nec putanda est talis
multitudo infideliter agere tyrannum destituens, etiam si eidem
in perpetuo se ante subjecerat: quia hoc ipse meruit in multitudinis regimine se non fideliter gerens ut exigit regis officium,
quod ei pactum a subditis non reservetur.* » (De Reg. Prin.
lib. I cap. VI) Che se non vi sia questa *publica auctoritas,* ma il *providere de rege* spetti a qualche superiore
autorità, a questa si dovrà ricorrere perchè provveda a
riparare il male del regime tirannico. (Ib.) Sono quindi da
s. Tommaso nettamente definiti gli estremi, entro i quali
può esser legittima l'insurrezione dei sudditi contro il
Principe con vie di fàtto, o la *resistenza attiva.*

Passando ora all'altra specie di resistenza, a quella
passiva che consiste nello schermirsi dagli abusi di potere
commessi dal tiranno, e che si prattica col non osservare le ingiuste leggi, possiamo affermare che la medesima viene dal s. Dottore riconosciuta nei casi di eccessiva tirannide come sempre lecita e giusta, tranne che
possa derivarne un danno maggiore. (1-2, q. 96, ar. 5
ad 3) E la ragione che ne adduce è semplicissima e
chiarissima. Poichè non può ammettersi, così Egli, che
la potestà ai Principi concessa da Dio si estenda ad imporre ingiusti gravami ai sudditi, o a servirsi di loro
autorità per il proprio vantaggio e a soddisfazione di
lor cupidigie e passioni; quindi le leggi che mirassero a
tali scopi, non sarebbero più una emanazione della Divina autorità che impera mediante i principi suoi vicarii,
ma sarebbero l'opera dell'uomo ed una ingiusta opera;
quindi come tali non possono obligare in coscienza, ed
il resistere ad esse è cosa lecita e giusta. E questo che
si dice della resistenza alla potestà legislativa, deve pur
dirsi della resistenza alla potestà esecutiva di cui abu-
sasse il tiranno, perchè in tal caso non contro l'esercizio
del potere ma contro la violenza sarebbe diretta la resistenza, non contro il Principe ma contro l'ingiusto ag-
gressore dell'altrui diritto. Che se da questa resistenza
derivassero scandali o altri pericoli per la società, allora
la ragione del pubblico bene s'imporrà perchè una tale
resistenza sia impedita, e la renderà illecita per la speciale condizione delle cose.

Che se finalmente sia per le circostanze dianzi accen-
nate, sia per qualsivoglia altra cagione non s'abbia alcuna maniera per liberarsi dalla tirannide e sia affatto
impossibile scuoterne il giogo, s. Tommaso ne esorta a
ricorrere a Dio sovrano Signore di tutti e Re de' regi,
pronto sempre a soccorrere nelle avversità di ogni spe-

cie. Nelle mani di Lui è il cuore de' Monarchi, ed Egli solo nella sua infinita potenza può rendere mite e soave l'animo di un Principe crudele e tiranno. Ma per ottenere da Dio tal beneficio è necessario che il popolo cessi dal peccare, poichè per divina permissione sorgono i tiranni a punizione dei peccati del popolo; si deve quindi tor di mezzo la colpa perchè abbia termine la piaga della tirannide. (De Reg. Princip. lib. I cap. VI) Questa dottrina che il s. Dottore pone quasi a suggello e per conclusione delle sue idee sopra i rimedii contro l'eccesso del potere, è come si vede eminentemente mistica, e a prima giunta potrebbe apparire più da teologo e da ascetico, che da filosofo e da politico. Ma ove ben si consideri, è una ben profonda teoria, che ha per base una grande verità, il concorso cioè della Provvidenza in tutti gli eventi che modificano le sorti dei popoli, e quelli predispone secondo i fini della sua misericordia e giustizia; verità che fu intraveduta anche dallo scettico De Maistre allorchè disse *che i popoli hanno il governo che si meritano,* e che la storia ha sempre confermato, mostrandoci come i popoli allora son caduti in braccio alla tirannide quando si sono corrotti da' vizii, la decadenza degli Stati è sempre andata di pari passo con lo scadimento dei costumi, e il servaggio morale fu sempre foriero e causa di politica servitù. In quella vece i popoli che più a lungo durarono in un regime di libertà, furono quelli che seppero mantenersi ad un elevato grado di moralità; poichè un forte e vigoroso Stato significa forti e vigorosi individui, abituati all'esercizio di tutte quelle virtù che rendono l'uomo degno della sua natura, e sono per lo Stato la base della sua vera civiltà.

Ecco adunque la teoria tutta quanta dell'Angelico Dottore s. Tommaso sopra la resistenza e la rivolta dei popoli contro i lor governi oppressori, o sopra quello che oggi si appella *Diritto di rivoluzione*. Che cosa diremo ora ai propugnatori di questo diritto? La teoria del Santo d'Aquino è così semplice e chiara che ogni commento è superfluo; d'altra parte è essenzialmente prattica e basata sulla esperienza, sicchè la sola esposizione delle ragioni sulle quali Egli fonda la sua dottrina, e colle quali giustifica il principio della Chiesa Cattolica che severamente vieta e condanna le popolari insurrezioni contro la legittima autorità, ci fà toccare con mano quanto cotal principio cattolico sia giusto e ragionevole in sè e provvido al tempo stesso ne' suoi effetti. Senza questo principio la sudditanza all'autorità e il rispetto alle leggi sarebbero parole vuote di senso; tolta la briglia al capriccio delle masse, le rivoluzioni si succederebbero alle rivoluzioni, la condizione ordinaria delle cose sarebbe l'anarchia, le cui funeste conseguenze appena occorre accennare, cioè lo sfacelo sociale, al quale d'ordinario tien dietro l'imperio del più brutale dispotismo.

Con ciò poniam termine a questo trattato dei limiti dell'azione dello Stato di fronte ai diritti dell'individuo, della qual trattazione la teorica or ora compiuta sulle popolari rivoluzioni è parte integrale, poichè veduto quali fossero i limiti entro i quali dovesse contenersi l'azione dello Stato, era necessario investigare se, e con quali maniere fosse lecito all'individuo ricondurre cotesta azione entro i proprii termini, ed affermare i proprii diritti di contro all'invadente potere dell'autorità politica. Ci siamo forse intrattenuti di soverchio in questa trattazione, ma l'abbiamo fatto oltre che perchè così richiedeva l'ampiezza del tema, anche perchè c'importava far rilevare quali fossero le idee di san Tommaso e le sue massime dirette a tutelare la libertà de' cittadini, essendo questo il campo in cui la moderna scuola liberale vanta precipuamente i suoi progressi e le sue conquiste. Nella

speculazione del s. Dottore intorno a questo punto dobbiamo riconoscere un'ordine d'idee oltre ogni dire nobilissimo ed elevato; la teoria dei limiti dell'azione dello
Stato non è che l'applicazione del principio esclusivamente
cristiano della fratellanza fra Principe e suddito, e della
loro ugualianza rispetto alla loro origine e destinazione;
principio di cui si mostrò mai sempre gelosa custode e
vindice la Chiesa, che mentre praticamente fu in ogni
tempo sollecita ad insorgere in favore degli oppressi levan-
do alta e severa la sua voce contro i tiranni, fu poi ne' suoi
insegnamenti e per bocca de' suoi Dottori incessante
propugnatrice di libertà, intendiamo di quella libertà vera
che è figlia del Vangelo, e che è produttrice feconda dei
migliori frutti di morale perfezionamento per l'individuo
e pieno benessere per la società.

CAPO SETTIMO

Delle relazioni fra lo Stato e la Chiesa.

Una antica ed ardua questione che diede sempre campo a gravi contestazioni fra gli scrittori, e in prattica fu causa bene spesso di lotte vivissime come ne attesta la storia, è quella di cui ora imprendiamo a discorrere, dei rapporti tra la Chiesa e lo Stato. È questa una di quelle questioni che sono in ogni tempo oggetto di viva discussione, perchè quantunque risolute, si torna nonostante pur sempre da una parte di filosofi a disputare sulle medesime, perchè non si vogliono riconoscere i veri principii che debbono guidarne allo scioglimento, ma sopra di questi si vuole con ogni possa contendere, dipendendo da essi la sorte di molteplici vitali interessi. Considerando in specie la presente controversia, dessa ci si presenta di una eccezionale importanza, poichè nella diversa tendenza a risolverla in un modo piuttosto che in altro, colla maggiore o minor prevalenza che in fatto si vuol dare ad uno dei due elementi che in essa sono a contrasto, è riposto il carattere delle varie epoche della storia della civiltà de' popoli, e in particolar maniera dell'indirizzo del pensiero filosofico politico negli scrittori, cosicchè basta solo osservare quali sieno le idee che intorno a tale questione professansi da un autore, per argomentare *a priori* qual sia in genere tutto il sistema politico di esso, e quale la soluzione che egli dà ai varii problemi sù cui si aggira la scienza politica; onde a ragione può dirsi che tal trattazione sia come la pietra di paragone di tutto il sistema. Per noi che ci troviamo a studiare un Dottore della Chiesa, uno de'suoi luminari e dei più strenui difensori de' suoi diritti, vissuto in un' epoca in cui profondissimo era in tutti il sentimento religioso, in un'epoca in cui la Fede era l'anima di tutta la civiltà e vita sociale, è di suprema necessità portare il nostro esame sulla di lui dottrina circa i rapporti tra Chiesa e Stato, dottrina che plasma a così dire, e dà quasi la generale intonazione a tutto il suo sistema politico, ed è la base di tutte le teorie che siam venuti man mano studiando. Anzi tanta è l'importanza che ha questa controversia nei pensatori cattolici del Medio Evo, i quali formano quella che comunemente dicesi *Scuola Teologica,* che tutta quanta la loro speculazione politica, tutta la filosofia dello Stato si riduce per essi in gran parte a determinare i rapporti tra Chiesa e Stato, e a giustificare il predominio di quella sù questo; cosicchè a vero dire non è studiato lo Stato per lo Stato, ma in ordine alla Chiesa. Così anche in san Tommaso a questa questione fanno capo tutte le altre teorie e concetti politici, e da essa ricevono i lor criterii direttivi e il loro scientifico indirizzo. Laonde entrando noi a trattare di tale questione, possiamo asserire di far per essa quasi una conclusione e generale recapitolazione di quanto si è studiato finora, e di andare investigando le ragioni ultime e i supremi principii che dominano nelle teoriche che hanno formato l'obbietto delle precedenti trattazioni.

Ma la presente ricerca come forma il complemento di tutto il sistema politico dell'Aquinate in genere, lo è poi in specie del trattato dei limiti dell'azione dello Stato, al quale immediatamente fà seguito. Imperocchè come l'uomo individuo spiegando la propria azione pel conseguimento del suo fine, afferma di fronte allo Stato il diritto che la propria individuale attività sia garentita e rispettata, e per tal modo limita l'azione dello Stato, così allorchè lo stesso individuo pel conseguimento di alcuni particolari scopi si associa ad altri individui, in guisa che scomparendo l'elemento della persona singola subentra quello della persona complessa, e l'associazione si presenta come un tutto avente un proprio fine e dotato di una propria attività per giungere ad esso; anche l'attività di questo tutto non potrà essere turbata dall'attività dello Stato, ma invece dovrà essere dal medesimo garentita e rispettata come lo era quella dell'individuo, o in altri termini si porrà anche essa come un *limite* all'esercizio delle funzioni dello Stato. Ora l'associazione di molti individui nella unità della fede e della prattica religiosa è quella appunto che dicesi *Chiesa* : quindi la Chiesa avendo un proprio fine ed una propria attività per conseguirlo, ci si offre dotata di un proprio *diritto* e di una propria *libertà,* di cui reclama l'inviolabilità ed il riconoscimento da parte dello Stato; la Chiesa quindi si pone anche essa come *limite* all'azione dello Stato, e perciò la teoria delle relazioni fra lo Stato e la Chiesa è la continuazione del trattato di cui ci occupammo nel capo precedente, dei limiti cioè dell'esercizio del potere sovrano.

Per determinare pertanto coteste relazioni o il limite dell'azione dello Stato rimpetto a quella della Chiesa, la via che dobbiamo tenere non può essere altra, che quella medesima che abbiamo tenuta per determinare i rapporti fra lo Stato e l'individuo, e il limite dell'attività del primo rispetto al secondo; riferirci cioè al fine rispettivo di ciascuna di queste due forze. Si è infatti già osservato come gli agenti morali, le forze etiche sono tra loro nello stesso rapporto in cui sono i fini rispettivi; laonde come il rapporto tra lo Stato e l'individuo era determinato dalla relazione che è tra il fine sociale e quello individuale, così la relazione fra lo Stato e la Chiesa sarà la medesima che è tra il fine dell'uno e quello dell'altra. Razionalmente quindi s. Tommaso anche in questa teorica prende per punto di partenza il fine, e il rapporto de' diversi fini pone a cardine della sua trattazione. La Chiesa secondo il s. Dottore (Psa. 45, me.° c —. Ephes. 4, lect. 2, prin.°) è una società simile alla società politica o allo Stato, anzi è dessa medesima un vero Stato, o come Egli si esprime, una *Civitas per se sufficiens et unita;* ha una gerarchia costituita con proprii poteri, nella quale il Papa ha come il re nella monarchia la pienezza della potestà, e i Vescovi sotto di lui hanno una porzione del governo perchè ristretta a un determinato territorio, come i giudici e le altre magistrature preposte alle singole città e provincie. (2-2, q. 89, 9, 3^m — 3^a q. 72, 11, 1^m — In 4 Sent. d. 20, a. 4, q. 3, c — Quol. 4, 13, c — Opus. 1, c.° 65 etc. — De Reg. Prin. lib. III cap. XX) Sono adunque la società politica e la religiosa come due Stati, i quali però sono di diverso genere ed hanno un fine diverso, e la diversità del fine è quella che deve stabilire la posizione dell'uno rispetto all'altro. Ed ecco pertanto come procede l'argomentazione dell'Angelico nel libro *De Regimine Principum* lib. I cap. XIV. Il fine, così Egli, pel quale gli uomini si riuniscono in società è la *bona vita,* che sarebbe impossibile attuarsi da ciascun'uomo vivendo solo; e poichè la *bona vita* consiste nel *vivere secundum virtutem,* la vita virtuosa è il fine della umana società.

Ma poichè l'uomo mediante la vita virtuosa si ordina ad un fine più elevato e più nobile, che consiste nella vita eterna e nel godimento della divina Essenza, quindi a questo fine medesimo tenderà anche l'associazione degli uomini, la quale perciò avrà lo stesso fine ultimo degli individui. La vita adunque secondo virtù non è l'ultimo fine della società umana, ma è un fine mediato per il quale giungere alla vita eterna, alla beatifica visione di Dio. Se pertanto cotesto fine potesse conseguirsi colle sole facoltà che ne vengono dalla umana natura, sarebbe necessariamente ufficio del monarca, di colui che è a capo della moltitudine congregata, il dirigere gli uomini a questo fine, essendo al monarca affidata la somma del governo in tutto ciò che si attiene alle umane cose. Ma di tal natura non è il fine ultimo dell'uomo la *fruizione divina*, poichè il medesimo non può altrimenti conseguirsi per la umana virtù ma sibbene per la virtù divina, e perciò il condurre ad esso fine non sarà cosa che si appartenga al regno umano ma al regno divino, cioè alla Chiesa di cui è principe e monarca Gesù Cristo, che la eterna beatitudine ebbe agli uomini riconquistata. Ed affinchè le cose spirituali fossero distinte dalle terrene e temporali, il governo di questo regno fu da Cristo affidato non già a' principi secolari ma ai sacerdoti, e sopratutto al Romano Pontefice che è il Vicario di Cristo e Capo di tutta la Chiesa, al quale tutti i monarchi della terra debbono esser soggetti, come lo sono a Cristo medesimo. Ed è naturale, perchè a colui che ha in cura ciò che si riferisce al fine ultimo, debbono esser soggetti gli altri che si occupano del conseguimento dei fini inferiori e subordinati, e questi debbono da quello esser diretti e da lui ricevere la norma del loro operare, perchè adempiendo ai fini inferiori, sia la loro azione ordinata all'ultimo fine. Donde è che tanto più sublime ed

9

eccellente è il regime, per quanto si dirige ad un fine
più alto; e quello che ha per obbietto il fine ultimo sarà
il regime superiore a tutti gli altri che hanno per obbietto fini secondarii che si ordinano al fine ultimo, e dovrà soprastare e comandare ad essi, i quali alla lor volta
dovranno a lui essere sommessi ed obbedienti, come colui che deve dirigere una nave impera sopra gli artefici
che la nave devono fabbricare, e chi deve servirsi di armi
stabilirà al fabbro come deve ammannire armi atte al suo
scopo. Se adunque spetta alla Chiesa indirizzare gli uomini al conseguimento dell'ultimo fine, allo Stato e al
Principato civile indirizzarli al fine subordinato della *bona
vita* necessaria per ottenere il fine ultimo; e se a procurare questo fine secondario deve lo Stato dalla Chiesa
stessa che è colonna di verità attingere le norme, come
lo stesso Angelico Dottore avverte nel capo XV libro I
De Regimine Principum; ne viene di conseguenza che la
società religiosa o la Chiesa è per propria sua natura
superiore alla società civile o allo Stato, e l'autorità religiosa dovrà avere la preminenza sopra i Principi e i
Monarchi.

Oltre queste ragioni desunte dal fine delle due società e dei due poteri il religioso e il politico, altre se
ne rinvengono nel libro *De Regimine Principum* desunte
dalla origine del potere sovrano nella società. (lib. III
capo X) Poichè infatti il Sommo Pontefice è il capo di
tutti i fedeli che formano il corpo mistico della Chiesa,
e dal capo nel corpo umano viene ogni movimento e
senso delle altre membra, così dall'autorità della Chiesa
o del Sommo Pontefice dipende ogni altra potestà, sendo
il medesimo il Vicario di Colui dal quale solamente e-
mana il potere de' Principi della terra. Nè si dica, continua il citato testo, che la Pontificale autorità riguardi
solo l'esercizio del potere spirituale; perchè il potere cor-

poreo e temporale è intimamente congiunto col potere spirituale e perpetuo, come l'operazione del corpo dipende necessariamente dall'anima, e l'anima e il corpo sono fra loro strettamente connessi. A quella guisa pertanto che il corpo ha dall'anima la sua vita, la sua energia e la facoltà di muoversi ed agire, così la temporale giurisdizione de' Principi proviene dalla spirituale autorità della Chiesa o del suo capo il Pontefice. Notisi per altro in ordine alla origine delle due potestà, che dicendosi che l'autorità dei Principi deriva da quella della Chiesa, s'intende dell'autorità in senso concreto, in quanto cioè risiede e si esercita da una determinata persona, o in altri termini s'intende il personale conferimento o investitura del potere nella persona del Principe, poichè l'autorità in astratto o in senso formale da Dio immediatamente proviene nel Papa egualmente che nel Principe, come già si è spiegato allorchè si è trattato della origine del potere. La quale interpretazione ci viene anche suggerita dalle parole che leggonsi nel passo citato. (lib. III cap. X) Ivi infatti è detto: « *temporalis jurisdictio principum per spiritualem Petri et successorum ejus.* » Ora si ponga mente che quì si parla di *jurisdictio*, della quale parola dando s. Tommaso la spiegazione in altro passo, dice che: « *per jurisdictionem constituitur aliquis in gradu superioritatis.* » (In 4 Sent. d. 18, q. 2, a. 3, q. 1, c — d. 19, q. 1, a. 2, q. 3, c — d. 20, a. 5, q. 4, 1^m et 3^m) Riflettasi quì alla espressione *constituitur aliquis* che c'indica appunto la *investitura* personale in un individuo di un dato potere; donde si pare come la parola *jurisdictio* venga dall'Angelico adoperata a significare l'autorità che risiede in una persona, o il complesso dei poteri che si appuntano in un individuo, e pei quali esso *constituitur in gradu*. E perciò nel passo citato dicendosi dall'Aquinate *per jurisdictionem,* è da ritenere che intese Egli parlare di questa personale investitura, e quindi la dipendenza di

cui Egli parla del potere politico dal religioso in quanto
alla loro origine, riguarda il potere in senso concreto e
personale. La quale dipendenza è poi pienamente conforme a ragione, poichè essendo Iddio il principio e la
fonte del potere, è naturale che il Sommo Pontefice il
quale in terra tiene le veci di Dio, abbia il diritto di conferire a nome e vece di Lui la potestà nei Principi, perchè: « *In summo Pontifice est plenitudo gratiarum.... ut com-
petat sibi quod de primo Principe Domino dicimus, quia de
plenitudine ejus nos omnes accepimus.*» (De Reg. Prin. lib. III
cap. X) In questo modo del resto veniva intesa tal dipendenza della origine del potere civile dal religioso in
tutta la tradizione cristiana così viva nel Medio Evo, e
le cerimonie solenni della incoronazione e della sacra
unzione dell'Imperatore per le mani del Papa non erano
che il prattico riconoscimento di tale principio. Ma nei
rapporti fra lo Stato e la Chiesa, perchè si tratta di rapporti concreti che corrono fra soggetti concreti e determinati, cioè la suprema Autorità della Chiesa da una
parte e il sovrano politico dall'altra, tale dipendenza di
origine dell'autorità civile da quella della Chiesa per la
materiale e personale investitura ha il massimo valore,
e unita all'altro principio della subordinazione del potere
politico al religioso richiesta dalla subordinazione dei
fini rispettivi, ci stabilisce la vera posizione di diritto
delle due potestà, e giustifica pienamente conforme al-
l'argomentazione di s. Tommaso la superiorità del potere della Chiesa sopra quello dello Stato.

Tale è pertanto la teorica dell'Aquinate sopra la presente questione: la Chiesa superiore allo Stato, l'autorità civile soggetta alla suprema autorità religiosa, e ciò
perchè il fine della Chiesa è superiore al fine dello Stato,
e mentre la prima ha per obbietto direttamente il fine
ultimo, l'altro riguarda soltanto quei mezzi e quelle con-

dizioni che sono in suo potere di apprestare per giun-
gerne al conseguimento. Come si vede è sempre il concetto cristiano che domina della subordinazione dello
Stato alla Chiesa, il quale si rivela in tutti i pensatori
e filosofi cattolici, e che nel Medio Evo informava
tutta la vita politica degli Stati; concetto che troviamo
sancito ed illustrato nella Bolla di Bonifacio VIII che'comincia *Unam Sanctam*, nella quale cotesta supremazia
della Chiesa sullo Stato vien tratteggiata per via di sim-
boli. Le due spade significanti la potestà spirituale e
temporale furono da Cristo affidate al Papa, ma questi
concede la seconda all'Imperatore; la Chiesa è il sole,
lo Stato è la luna che da esso riceve la luce; la Chiesa
è la statua, lo Stato è il piedestallo che deve sostenerla;
e la consecrazione di Saulle primo re d'Israele per le
mani di Samuele attesta nelle Sacre Carte sancito il medesimo principio della dipendenza della potestà secolare
da quella de' sacerdoti. Sono questi i principii a cui si
ispira ed informa la teorica di s. Tommaso: se non che
è d'uopo osservare come cotesti principii non sieno sempre stati applicati nello stesso modo lungo il corso dei
secoli, ma quando più quando meno; e la maggiore o
minor prevalenza che in fatto hanno avuto, determina un
diverso indirizzo delle idee, dei costumi, della civiltà dei
popoli; cosicchè da essa possiam ritrarre come accennavamo più sopra il carattere *morale* delle varie epoche della
storia. Gioverà quindi fare una breve analisi storica sopra le diverse fasi che col volger del tempo ha subìto la
questione dei rapporti tra lo Stato e la Chiesa, osservando il diverso modo in cui nei varii tempi è dessa
stata intesa.

Siffatta questione però è da considerare da un punto
di vista ben più elevato, e deve rannodarsi ad un superiore ordine d'idee, in quantochè dessa non rappresenta

che uno degli aspetti in cui si manifesta la generale e-
voluzione del pensiero umano, e uno dei lati della vita
intellettuale e morale, che è quanto dire della civiltà di
un popolo; ma uno degli aspetti più culminanti, dei
lati più vitali, perchè i due interessi il religioso ed il
politico sono e furono sempre le due molle principali,
che danno movimento all'organismo della vita sociale.
Quindi è che la storia dei rapporti fra la Chiesa e lo
Stato è parte precipua della storia generale dell'indirizzo
del pensiero umano nel cammino della civiltà, a questa
è intimamente congiunta, e in essa dobbiam ricercare le
ragioni ultime del diverso modo d'intendere e valutare
tali rapporti nelle varie epoche. Dobbiamo quindi gettare
un rapido sguardo sopra cotesta evoluzione dell'incivilimento umano, per attingerne i principii che determinano
le diverse soluzioni date alla questione di cui ci stiamo
occupando.

Se ci facciamo a considerare lo sviluppo della umana
attività in tutti i periodi della storia, facilmente scopriamo
come dessa è determinata dello sforzo continuo dell'uomo
verso il proprio perfezionamento. L'uomo perchè creatura ragionevole è per sua natura perfettibile, e tal
qualità genera in lui un'imperioso bisogno di perfezio-
narsi; il qual bisogno è poi quello che anima e dirige
tutte le sue operazioni, sicchè a buon diritto può dirsi
che tuttaquanta la vita di lui o si consideri come individuo o congregato in società, si riassuma nel pro-
cacciar con ogni mezzo il suo perfezionamento. Ma
a conseguire cotal perfezione molti sono gli ostacoli
che si oppongono, la più parte de' quali ha origine
dalla stessa natura limitata e corrotta dell'uomo: l'errore
e il vizio sono i due formidabili nemici che a lui intral-
ciano la via del suo intellettuale e morale progresso, e
contro i quali gli è forza sostenere una lotta incessante

ed accanita. Questa è la lotta interna dello spirito che è
la condizione necessaria dell'uomo che vive in questa
terra: « *Militia est vita hominis super terram,* » e che gli
stessi pagani confessavano: « *Video meliora proboque, deterio-
ra sequor;* » la quale ha per base questo dualismo, da un
lato l'impulso alla propria perfezione che lo induce ad ele-
vate e soprannaturali aspirazioni, dall'altro le passioni e le
inferiori potenze corrotte che lo trascinano ad altre più
basse, che da essa perfezione lo allontanano. E questo
che dicesi dell'uomo individuo, si ripeta pure anco della
umana società, che in sè ritrae la stessa natura individuale, e ne segue le vicende e l'andamento; quindi a seconda delle idee, dei principii e delle aspirazioni predominanti negli individui, risulta uno speciale carattere morale della società a cui essi appartengono; in guisa che
il dualismo e la lotta che è nei singoli, si riflette eziandio nella società, col predominio di quello dei due elementi che nella maggioranza degli individui ha il sopravvento. Così è che osservando la storia ci vien fatto
trovare secoli di civiltà e di barbarie, di fede religiosa
e di dubbio, di virtù e di morale depravazione, di potenza intellettuale e di decadenza. Questo dualismo pertanto e questa lotta fra i due elementi il superiore e
l'inferiore, fra il bene e il male, fra la virtù e il vizio
nell'individuo; nella società fra la civiltà vera e perfetta
che ha in mira il perfezionamento di tutta la natura spirituale dell'uomo e il conseguimento de' suoi eterni destini, e la civiltà fatua che cerca solo il benessere materiale moltiplicando gli agii e le ricchezze; tra l'interesse
umano e caduco e le aspirazioni di uno stato ultramondano di perfezione che sorpassa ogni umano concepi-
mento, questo dualismo dico che esiste nella società ed
ha esistito in ogni tempo, considerato nell'ordine sociale
si manifesta nella lotta tra la Chiesa e lo Stato, rappre-

sentando la Chiesa l'elemento celeste soprannaturale, lo Stato l'elemento terreno ed umano. Ed ecco la ragione di quel continuo contrasto fra queste due istituzioni, contrasto che è andato sempre di pari passo colle vicende del dualismo e della lotta di cui abbiamo fatto cenno testè. Le quali vicende considerate in un lungo lasso di tempo, dal tempo cioè in cui disfatta l'antica civiltà pagana sulle ruine di essa sorse la nuova civiltà cristiana, fino all'epoca in cui viviamo, ci sembra si sieno andate succedendo secondo una legge: si partì dal predominio di uno di essi di quello cioè ultramondano e spirituale, si giunse man mano all'estremo opposto, al predominio dell'altro terreno e materiale: le relazioni tra lo Stato e la Chiesa storicamente considerate hanno seguito questa medesima legge, dalla prevalenza della Chiesa siamo oggi giunti alla prevalenza dello Stato. È chiaro che noi qui intendiamo di una prevalenza di fatto, chè in diritto la Chiesa o l'elemento teocratico prevale sempre di sua natura all'elemento politico; solo nella vita prattica, per le condizioni storiche de' popoli può avvenire che cotesto secondo elemento può avere un sopravvento di fatto sull'altro. E invero allorchè dopo la lunga notte di desolazione e di barbarie che tenne dietro alla caduta dell'Impero d'Occidente ed alle invasioni de' popoli settentrionali, sorse una nuova èra di civiltà, il Medio Evo, questa apparve segnalata di un particolare carattere, il carattere religioso. Non è qui il caso di investigare la ragione di questo fatto; per noi essa è riposta nell'essere stata la religione di Cristo il solo astro che brillò in tante tenebre, e vinse e dominò quei popoli che aveano conquistata l'Italia, cosicchè vincitori materialmente furono moralmente vinti. L'elemento soprannaturale, religioso è quello che vince e predomina in tutto il Medio Evo: questa è l'epoca della Fede più viva e del più ar-

dente entusiasmo, l'epoca in cui uno scopo puramente
religioso, la liberazione del s. Sepolcro dalle mani degli
infedeli, basta ad eccitare gli spiriti di tutta Europa e a
metterla in armi per volare al *glorioso acquisto*. L'arte in
quest'epoca non è destinata che alla Fede, sorgono le
stupende cattedrali, la musa cristiana tocca il suo apice
nell'Alighieri, il cui sacro poema è essenzialmente religioso; la scienza che prevale è la scienza Teologica, che
conta in quest'epoca i suoi più valorosi campioni. Nella
civiltà medio evale pertanto, nella lotta fra i due elementi il soprannaturale e il mondano, quello che vince
è l'elemento soprannaturale; e perciò nelle relazioni fra
lo Stato e la Chiesa, questo indirizzo dell'umano pensiero dovea determinare anche nelle prattiche applicazioni della vita sociale un sopravvento della Chiesa sullo
Stato. Ma lo Stato veniva concepito sotto una particolare forma cioè dell'Impero universale, forma che anche
essa deve ripetersi dalle predominanti aspirazioni cristiane:
l'unità di tutto il genere umano nella unità della fede
cristiana sotto il doppio potere dell'Imperatore e del Papa,
ecco il concetto politico del Medio Evo. La Chiesa pertanto è superiore all'Impero, e Carlo Magno nel fondare
la sua monarchia riconosce questa superiorità della Chiesa,
giurando fedeltà al Papa e ricevendone la consecrazione.
A questo che era un prattico riconoscimento dovea corrispondere il dettato della scienza, ed ecco tutta la schiera
dei filosofi e pensatori che concordemente professano il
medesimo principio della superiorità della Chiesa sullo
Stato, e propugnano quel complesso di teoriche, che ispi-
rate tutte dall'influenza religiosa vanno comunemente
sotto il nome di *Diritto Divino*. S. Ambrogio, s. Agostino vissuti ne' primi secoli della Chiesa, poi Lanfranco
di Pavia, Anselmo d'Aosta, Pier Lombardo, s. Tommaso
d'Aquino che sono le grandi figure che ci offre la storia

del Medio Evo, furono i formidabili campioni dei diritti della Chiesa: la filosofia disposatasi bellamente alla Fede e da questa di nuova luce resa più fulgida, raggiunge in quest'epoca il suo apogeo; e come la scienza così pare la vita prattica e l'indirizzo politico ricevono dalla Fede la lor norma direttiva, lo Stato presta piena soggezione alla Chiesa. A questo ordine d'idee s'informa come abbiam visto, il concetto politico di s. Tommaso e la sua teorica dei rapporti tra Stato e Chiesa; ma lo spirito umano, come accennavamo, ha seguita nella sua evoluzione una legge, esso si andò man mano scostando col progresso del tempo dall'elemento sopramondano che solo dominava all'aprirsi della nuova civiltà, per giungere poi come ne' nostri tempi è avvenuto, all'elemento opposto; e questo processo si rivela chiaramente ove si porti l'attenzione sopra quegli uomini straordinarii che dominarono nel loro tempo, e nei quali può dirsi che si riassuma tutto lo spirito prevalente dell'epoca. Tra questi ci vien fatto trovare un'ingegno sovrano vissuto in questo stesso Medio Evo, in quest'epoca del pieno sopravvento dell'idea religiosa nella scienza e nella vita, nella speculazione del quale si scorge in fondo un primo passo verso il rialzamento dell'elemento umano appunto nel campo politico, si scorge cioè un rialzamento dello Stato ne' suoi rapporti colla Chiesa, e questi è Dante Alighieri. Le teorie politiche del divino poeta sono riassunte nel suo trattato *De Monarchia*, e quantunque sia Egli uno dei rappresentanti del sopravvento dell'idea soprannaturale sendo Egli il cantore della Epopea religiosa, ciò nondimeno nella sua speculazione politica in ordine alla Chiesa riscontrasi un concetto che si diparte alquanto dalle idee del suo tempo. Sostiene egli infatti come v'abbia un fine spirituale ed un fine temporale, una felicità eterna ed una felicità che può conseguirsi in terra; il

Principe è costituito per dirigere gli uomini a conseguire la prima, il Pontefice a conseguir la seconda; quindi due *Reggimenti* distinti, diretti a questi due termini. Le due potestà, quella del Papa e quella dell'Imperatore emanano direttamente da Dio, nelle loro sfere rispettive sono indipendenti l'una dall'altra; niuna superiorità quindi della Chiesa sullo Stato in ordine alle cose temporali, l'Imperatore non è soggetto al Papa, poichè non dal Papa ma da Dio gli vien conferita la imperiale potestà, quindi da Dio immediatamente dipende; lo Stato e la Chiesa sono due istituzioni egualmente volute ed istituite da Dio, la Chiesa non ha virtù d'autorizzare l'Imperio, anzi tal virtù è contraria alla virtù della Chiesa. Come si vede in questa teoria il concetto politico ha fatto un gran passo, lo Stato si è di gran lunga elevato di fronte alla Chiesa; non è più l'assoluta superiorità della Chiesa sullo Stato come in san Tommaso e negli altri scrittori della scuola Teologica, ma si scorge invece solennemente proclamata la indipendenza del potere politico dal religioso.

Nel periodo storico che sussegue, il principio umano và sempre più oltre, e nella lotta coll'elemento soprannaturale comincia esso sempre in linea di fatto e nelle condizioni prattiche della vita ad avere il sopravvento. Alcune circostanze straordinarie ne agevolarono il progresso; la scoperta della stampa rende facile la propagazione delle idee e delle cognizioni prima patrimonio di pochi; la caduta di Costantinopoli richiama i dotti di colà nell'Occidente d'Europa e specialmente in Italia; rifioriscono gli studii classici, si richiamano a vita le memorie del passato e le tradizioni pagane, la scoperta dell'America apre nuove vie al commercio, e dà nuovo impulso alla ricchezza. Tutto ciò seguìto da altri speciali avvenimenti determinò un principio d'indipendenza dello spirito umano, la ra-

gione resa balda e presuntuosa per tanti progressi cercò
nuove idee, finchè camuffatasi sotto le spoglie di un
nuovo principio religioso, volle affermarsi contro l'antico
principio religioso, e questo fu nella *Riforma*. La Riforma protestante infatti colla sua teoria del libero esame
subordina la rivelazione alla ragione, ripudia l'autorità
della Chiesa, e proclama nel modo più manifesto la prevalenza dell'elemento umano sopra l'elemento soprannaturale. Non è più quindi la sola indipendenza nel campo
politico della autorità civile dalla ecclesiastica, ma è la
rivolta contro questa autorità nello stesso campo religioso; l'elemento umano ha fatto un passo immenso sa-
lendo ancora più alto; da Dante a Lutero v'è un abisso,
ma ambedue debbono riconoscersi come due anelli di
una stessa catena, come rappresentanti due momenti
storici dello sviluppo della medesima idea. Però nella
Riforma restava ancora il principio del soprannaturale,
poichè dessa ammetteva quantunque apparentemente una
fede, riconosceva una rivelazione; invece messo lo spirito umano sù questa via di vittorie nella lotta col principio ultramondano, era naturale che esso agevolato dalle
condizioni di sociale corruttela e di morale decadenza
specie alla fine del secolo XVIII, non si arrestasse,
ma andando sempre innanzi pervenisse finalmente a ri-
pudiarlo totalmente, pervenisse all'assoluta negazione
della rivelazione e di ogni idea religiosa. Ed ecco sor-
gere il razionalismo e l'ateismo colla loro lunga filia-
zione di errori: campione di questo nuovo ordine d'idee
è Voltaire nemico acerrimo del Cristianesimo, e da Lutero a Voltaire dobbiamo segnalare ancora un passo di
più in avanti. A questo punto si è toccato l'estremo del
cammino che partendo dall'assoluto predomio della idea
religiosa quale si aveva nel Medio Evo, è venuto attra-
verso i secoli compiendo il carattere morale delle gene-

razioni: la ragione ha affermata la indipendenza dalla Fede; non è più quindi un principio religioso che come nella Riforma vuol soverchiare altro principio religioso, ma è invece l'elemento mondano, l'uomo stesso, la sua ragione che si contrapone e cerca vincere l'elemento ultramondano; siamo quindi al principio direttamente opposto a quello che dominava nel Medio Evo. Le conseguenze nel campo politico di questo indirizzo d'idee non potevano essere che funestissime: dalla proclamazione della indipendenza della ragione individuale derivarono necessariamente la negazione di ogni autorità divina ed umana, un nuovo diritto universale esclusivamente fondato sulla ragione e sulla natura fu sostituito all'antico Diritto Divino; il principio d'autorità fu demolito affermandosi risiedere unicamente nel popolo il potere, la morale fu dichiarata indipendente dalla religione, la Chiesa separata dallo Stato. La procella preparata con questi principii scoppiò furibonda nella famosa rivoluzione Francese; rovesciato il trono e l'altare corsero giorni di terrore e di sangue, la società ne uscì affatto trasformata, poichè la rivoluzione non fu solo politica, ma abbracciò tutto il complesso della umana attività, principii, leggi, costumi. Infausta trasformazione della quale noi oggi vediamo gli effetti: il principio della sovranità popolare è oggi entrato nella coscienza delle masse producendo la scompigliata democrazia, il socialismo, il comunismo, il nichilismo, orribili mostri che or nell'uno or nell'altro paese d'Europa levano minacciosa la testa, attendendo il momento propizio per mandare un'altra volta a soqquadro l'edificio sociale. I concetti politici oggi dominanti son quelli inaugurati dalla rivoluzione Francese e dagli scrittori del diritto naturale; il diritto pubblico moderno è oggi in perfetta antitesi col diritto pubblico del Medio Evo, come la odierna

civiltà ha per base principii affatto opposti a quelli della
civiltà del Medio Evo; perchè mentre in questa l'esalta-
zione dell'*idea* religiosa, o la prevalenza dell'elemento sopranaturale forma il carattere dell'epoca, oggi invece l'e-
lemento umano ha ottenuto il sopravvento, ed esso è
omai il solo ispiratore come della politica, così delle altre forme della vita sociale.

È dunque evidente come allo spirito dell'epoca in cui
visse s. Tommaso, al carattere morale della società a cui
Egli appartiene, faccia diretto contrapposto lo spirito che
informa l'epoca in cui viviamo, il carattere della moderna
civiltà. Oggi come si è già notato siamo agli antipodi
del Medio Evo, l'elemento umano è quello che nelle condizioni di fatto ha prevalso nella lotta, la civiltà partendo
dall'influsso religioso medio evale è giunta gradatamente
ad essere oggi informata da principii opposti. La speculazione politica ha seguito questo indirizzo, quindi i suoi
principii, i suoi teoremi fondamentali sono oggi in perfetta antitesi con quelli professati dai pensatori di quell'e-
poca, e la teorica dei rapporti fra Chiesa e Stato è appunto
il campo in cui più spiccatamente si rivela questa antitesi.
La teoria moderna sopra questo argomento si riassume
in un solo concetto, separazione della Chiesa dallo Stato;
concetto che fu espresso nella famosa formula *libera
Chiesa in libero Stato*. Lo Stato, si dice dai fautori di questa teoria, ha uno scopo al tutto diverso ed indipendente
da quello della Chiesa, ha una sfera di azione tutta sua
propria, niun contatto può quindi esservi fra l'una e l'altro. Come nello Stato esistono tante altre società dirette
a diversi scopi, di commercio, d'industria, di scienza ec.,
così esiste la società diretta allo scopo della religione
cioè la Chiesa; ma lo Stato come tale non ha una religione, la quale invece è propria degli individui che lo
compongono; la religione si sottrae all'azione dello Stato,

il quale non riguarda che i rapporti esterni di diritto. La
separazione dello Stato dalla Chiesa (si dice da questi scrittori) non è che la conseguenza della di lui incompe-
tenza in materia di religione, la legge umana non può
concernere che le cose di quaggiù, lo Stato non deve
occuparsi di religione e perciò neppur professarla. Vi
sono pertanto due campi profondamente separati, l'uno
riguarda il diritto, l'altro un sentimento interno dell'a-
nimo, l'uno comprende le relazioni esteriori della vita,
l'altro gl'intimi rapporti dell'uomo con Dio, uno con-
centra i suoi sforzi al presente, l'altro tende al fu-
turo; quindi due attività affatto disgiunte come disgiunti
sono i loro scopi, attività che non potranno mai incon-
trarsi, quindi completa separazione della Chiesa dallo
Stato. Siffatta teoria che si contrappone ed è sorta come
una reazione alle teorie cattoliche che tanto predomina-
rono nel Medio Evo, dovea portare necessariamente ed
ha portato di fatto alle più strane conclusioni: essendo
lo Stato totalmente separato dalla Chiesa nè punto bri-
gandosi della religione, si disse dapprima che esso era
indifferente, poi superato quasi un resto di pudore, si proclamò addirittura che lo Stato è *ateo*, non accorgendosi
che così si veniva a sancire legalmente, e a dare ufficiale
riconoscimento all'assurdo più madornale che siasi mai
concepito dalla inferma mente degli stolti, e che il genere umano ha in tutti i tempi anche i più barbari unanimemente riprovato.

Del resto se è vero che devesi valutare un principio
considerandolo alla stregua de' suoi effetti, il principio
della separazione della Chiesa dallo Stato fu già abbastanza giudicato dai risultati che si sono avuti dalla sua
prattica attuazione. Si proclamò la formola *libera Chiesa
in libero Stato*, ma gli stessi banditori di tale formola si
credettero in diritto di assoggettare in nome di essa la

Chiesa alla più dura servitù, trattandola siccome nemica
e facendo contro di lei leggi di guerra; e la confisca dei
beni ecclesiastici, la soppressione degli ordini religiosi,
la secolarizzazione dell'insegnamento ed altri tali prov-
vedimenti ostili ci dicono chiaramente qual sia la libertà
lasciata alla Chiesa, e quali le applicazioni del principio
libera Chiesa in libero Stato. La separazione della Chiesa
dallo Stato ci ha condotti ad un despotico predominio
di questo sù quella; lo Stato oggi aspira a ridurre la
Chiesa ad uno dei rami dell'amministrazione, esso colla
sua autorità invadente ha manomessa la libertà della
Chiesa nel punto stesso che diceva di garentirla. Tutto
ciò luminosamente dimostra la impossibilità della prattica attuazione della invocata separazione della Chiesa
dallo Stato: lo Stato che ha in sue mani la forza ed il
materiale potere, finirebbe coll'assorbire e manomettere
la Chiesa: l'esperienza in questa parte ci è maestra; nei
primordii del cristianesimo si ebbe la più completa separazione della Chiesa dallo Stato, ma furono quattro
secoli di persecuzione, lo Stato si dichiarò nemico acerrimo della Chiesa perseguitandola e martirizzandola: la
persecuzione cessò quando cessò la separazione, e il cristianesimo fu da Costantino proclamato religione dello
Stato. Anche oggi la separazione vuol dire rinnovamento
dello stato di guerra contro la Chiesa, nuova persecuzione in quelle forme naturalmente che sono consentite
dallo stato più avanzato della civiltà.

Tali sono pertanto i risultati a cui conduce l'applicazione del principio tanto decantato dai pubblicisti moderni della separazione della Chiesa dallo Stato. Che se
il vogliamo esaminare teoricamente e in sè stesso, non
ci apparirà meno riprovevole. La formola *libera Chiesa
in libero Stato* non risolve punto la questione, e sarebbe
stoltezza il pensarlo, chè i gravi problemi della vita

prattica non si risolvono con vane formule e nude proposizioni; essa non fa che enunciare sotto altri termini ciò che si domanda, perchè la libera coesistenza dello Stato e della Chiesa, il loro reciproco rapporto nel raggiungimento del loro fine è appunto l'oggetto della presente controversia; e ciò che più importa determinare è appunto fin dove debba estendersi cotesta libertà dello Stato di fronte alla Chiesa. Ma tale formola non risponde affatto a tale domanda. Anzi tutto essa è erronea nella sua stessa enunciazione, perchè pone la Chiesa nello Stato mentre è lo Stato che è nella Chiesa: la Chiesa la quale non conosce altro limite che la superficie del globo, ed abbraccia tutti quanti gli uomini, sovrani e sudditi, grandi e piccoli, viene considerata come esistente entro lo Stato che si limita ad un dato territorio, l'universale vien racchiuso entro la circoscrizione geografica. Ma inoltre il concetto della separazione della Chiesa dallo Stato ripugna affatto alla sana ragione, come quello che ha per fondamento un'assurdo concetto della natura dell'uomo. Ciascun' uomo infatti nel mentre che come cittadino fà parte di uno Stato, come credente fà parte della Chiesa: quindi le due giurisdizioni la ecclesiastica e la civile s'incentrano e fanno capo in un' identico soggetto, il quale è perciò ugualmente dipendente dalle due potestà. Nè si dica che la Chiesa spiega la sua autorità sulle anime e che è investita di una potestà spirituale, mentre lo Stato governa sui corpi, e che perciò queste due potestà possono essere fra loro indipendenti e separate; perchè ciò equivarrebbe a dire che l'anima è assolutamente separata dal corpo, e che quindi l'anima e il corpo possono reggersi l'una indipendente dall'altra. Invece tutto l' uomo anima e corpo fà parte dello Stato, come tutto l'uomo fà parte della Chiesa; cotesta separazione fra l'elemento corporeo e l'elemento spirituale non sussiste in realtà

10

nella vita presente, ma fra essi v'ha un misterioso rapporto per cui l'anima informa e vivifica il corpo. In questo rapporto consiste la vita, e lo Stato e la Chiesa hanno appunto per obbietto la vita dell'uomo, quindi identico è il sostrato della loro attività, e infiniti sono i loro punti comuni. Laonde lo Stato e la Chiesa sono tra loro uniti per la esigenza stessa della natura umana; volendo ammettere la loro separazione perchè l'una ha il governo delle anime l'altro dei corpi, bisogna ammettere pur'anco la separazione dell'anima dal corpo; ma in questa condizione non si avrà più l'uomo, si avrà da un lato un cadavere dall'altro un nudo spirito, si avrà la morte non la vita.

Oltre di che v'ha ancora un'altro strettissimo legame pel quale la Chiesa è unita allo Stato, e questo è riposto nel loro fine rispettivo. A meno che non voglia farsi aperta professione di ateismo, niuno al certo potrà negare, e la ragione stessa ce ne persuade, che la destinazione umana non si compie sù questa terra, ma che v'ha una vita oltre tomba nella quale le umane aspirazioni possono essere appieno appagate, e l'uomo nel possesso del Sommo Bene può conseguire quel perfezionamento al quale incessantemente aspira. A questa sopranaturale destinazione che costituisce il fine ultimo dell'uomo, devono esser diretti tutti gli sforzi di lui e tutta la sua vita: gli altri particolari fini non sono che mezzi e scala per giungere al fine ultimo. Ora è la Chiesa che ha per sua speciale missione il dirigere l'uomo al conseguimento del suo ultimo fine; lo Stato non può avere altro scopo che quello di apprestare i mezzi di cui dispone, perchè l'uomo possa conseguirlo; quindi il suo scopo non è che uno scopo subordinato al fine ultimo. Ma fine subordinato non vuol dire fine separato, che anzi il concetto della subordinazione dei fini importa che i medesimi si trovano fra loro strettamente connessi in un rapporto di dipendenza; quindi uno stretto ed indissolubile legame unisce il fine ultimo agli altri fini che ad esso conducono; e perciò se il fine dello Stato è strettamente unito al fine della Chiesa, non potrà esservi separazione fra l'uno e l'altra, ma converrà vi sia tra loro lo stesso legame, la stessa intima unione.

Queste sono le considerazioni che dovevam fare intorno alla decantata teorica della separazione della Chiesa dallo Stato, che il moderno Diritto pubblico contrappone alla teorica sopra esposta di s. Tommaso d'Aquino, che pure è in generale di tutti i Dottori cattolici sulle relazioni fra la Chiesa e lo Stato. L'unione fra la società politica e la religiosa è il risultato della natura stessa dell'uomo, che come individuo appartiene all'una e all'altra di queste due società, e non ammette durante la sua vita nel tempo separazione dell'anima dal corpo; ed è poi reclamata dalla esigenza del fine ultimo che è uno e il medesimo sì dello Stato che della Chiesa. La differenza fra le due teorie quella dell'Angelico e quella de' pubblicisti moderni, ci rivela mirabilmente la diversità dei principii che informano la vita della intelligenza e della prattica nell'epoca presente; principii che ispirati al culto della ragione e al diritto di natura, ci fanno notare la prevalenza che oggi ha ottenuto l'elemento terreno e mondano sopra l'altro religioso e spirituale. Nella teorica dei rapporti fra la Chiesa e lo Stato si manifesta più evidente e più spiccato che non nelle altre teorie l'indirizzo delle idee, dei costumi, della civiltà di un'epoca, perchè come già altrove si è avvertito, queste due istituzioni lo Stato e la Chiesa sono come la incarnazione dei due elementi di cui sopra abbiam discorso, fra i quali avviene la lotta dello spirito; e quindi in tale questione questi due elementi sono posti in diretto contrasto, mentre nelle altre trattazioni sono le loro conseguenze , le loro esplicazioni quelle che entrano in campo. Quindi è che questa teorica è quella che dà carattere a tutto il sistema politico, e costituisce il criterio fondamentale che mena alla soluzione delle diverse questioni che presenta la scienza dello Stato; e però noi sul punto di chiudere questo capo e insieme dar termine a questo lavoro, non possiamo a meno di volgerci indietro un istante, e far qui una breve recapitolazione a mò di conclusione, facendo rilevare come quei concetti che nel s. Dottore abbiam visto dominare la teorica dei rapporti fra Chiesa e Stato, dominino altresì e siano il fondamento delle altre trattazioni che abbiamo esaminate. La superiorità della Chiesa sullo Stato è la base di tutto il sistema politico del Santo d'Aquino, la influenza della idea religiosa è il carattere della sua speculazione, e questa influenza si rivela in tutte le teorie. Ad essa s'informa il concetto dello Stato, per il quale la comunanza degli uomini associati politicamente si fà consistere in un vincolo di amore dal quale risulta la unità o pace dello Stato; e questo è propriamente l'amore in senso teologico cioè la *carità,* che è il fine e l'obbietto di tutte le leggi, conforme il detto dell'Apostolo *finis praecepti est charitas*. Il fine dello Stato è fine essenzialmente religioso, e difatti oltre che il suo fine ultimo è quello dell'individuo, cioè la beatifica visione di Dio e la eterna salute, il suo fine immediato e diretto è la virtuosa vita per cui si giunge al premio eterno, la vita cioè ispirata ai dettami della fede e della morale cristiana. Anche più spiccata apparisce l'ispirazione religiosa nelle teoriche sulla sovranità, nelle quali domina il puro ed assoluto *Diritto Divino*, per il quale il Principe vien considerato come il luogotenente di Dio, da Cui solo emana l'autorità e il potere; e di tutte le forme di governo vien riputata mi-

gliore la Monarchia, perchè meglio riflette l'immagine di
Dio che è uno solo supremo reggitore di tutto l'universo. L'azione dello Stato è naturalmente corrispondente al fine, quindi le funzioni dell'autorità sovrana sono
tutte dirette allo scopo tutto spirituale della *vita virtuosa*,
l'agiatezza e la sufficienza dei beni temporali non essendo
che un mezzo per giungere ad esso. E nei rapporti fra
lo Stato e l'individuo, abbiam veduto come la teorica
dell'Angelico è tutta plasmata sul concetto cristiano, che
il fine ultimo cioè la salute eterna è fine individuale al
quale è subordinato il fine dello Stato, e che perciò l'a-
zione dell'individuo è superiore a quella dell'autorità politica, e come tale deve essere da questa in ogni miglior
maniera garentita e rispettata; lo Stato è per l'individuo
e non viceversa, la destinazione umana, destinazione soprannaturale ed eterna essendo di gran lunga superiore a
quella dello Stato circoscritta dai confini del tempo e
dello spazio. E poichè al fine ultimo dell'uomo si dirige
come a suo speciale obbietto la Chiesa, al fine subordinato della *bona vita* si dirige lo Stato, la Chiesa è superiore allo Stato.

Tale è nel suo complesso il sistema politico di san
Tommaso d'Aquino dettato sotto la influenza dell'idea
religiosa, appartenente perciò a quello indirizzo della
speculazione scientifica nel Medio Evo che và sotto il
nome di *Scuola Teologica*. Oggi che la civiltà è giunta al
principio opposto, e nella lotta dello spirito che si river-
bera nel carattere delle generazioni, v'ha un sopravvento
dell'elemento umano e terreno, sicchè il predominio di
questo sull'elemento religioso e soprannaturale forma il
carattere morale dell'epoca, la scienza del Diritto pubblico và per vie affatto diverse, informata da contrarii
principii. La ragione e la natura, e non più il principio
soprannaturale rivelato si posero a fondamento del diritto;

allo Stato o si è assegnato un fine tutto negativo d'impedire l'urto delle libertà individuali, o se gli si è riconosciuto un fine positivo, è questo un fine tutto mondano e temporale, della destinazione oltre mondana ed eterna non si tiene più verun conto nella teorica dello Stato, il quale si è spogliato affatto del principio religioso confinandolo in fondo alla coscienza individuale. In ordine alla sovranità, l'antitesi colle dottrine della scuola teologica raggiunge il suo massimo grado colla teorica della sovranità popolare; non da Dio ma dal popolo devesi ripetere l'origine del potere, il popolo comanda, il Principe delegato dal popolo eseguisce, ovvero come con frase anche più vaga suol dirsi, il *re regna e non governa;* la volontà del popolo superiore al Monarca, ed ecco al principio divino sostituito il principio umano. L'esercizio del potere non è più limitato dal precetto religioso, e dalla responsabilità verso un Giudice supremo che tutto vede e pondera le azioni de' sudditi come de' Monarchi, ma lo è invece da un'elemento anche esso umano, da patti convenutisi fra il re e il popolo, e da alcune facoltà che la ragione e una falsa scienza invase da ardente spirito d'indipendenza hanno proclamato illimitatamente competere agli uomini. Conseguenza di tutto ciò la prattica emancipazione dello Stato dalla religione mediante la sua separazione dalla Chiesa, che pone il suggello alla reazione che la moderna scienza politica ha compiuto sù quella del Medio Evo, in cui la idea religiosa era l'anima e la base di tutto l'ordinamento sociale.

Ed eccoci giunti al termine di questo nostro esame sulle teorie politiche di s. Tommaso d'Aquino raffrontate a quelle del moderno Diritto pubblico. La conseguenza che possiam trarre da tale raffronto, è che la moderna scienza politica al pari delle altre scienze morali

trovasi ad un livello assai più basso che non era nel
Medio Evo, all'epoca dei grandi pensatori cristiani. Falsi
principii, ruinose massime, astratte teoriche nebulose e
indeterminate in sè, poco o nulla attuabili in prattica, e
che la storia di questi ultimi anni ci mostra quali tristi
conseguenze abbian menato in Europa, sono state pro-
clamate dalla scuola del diritto che esclusivamente si
fonda sulla ragione e sulla natura; scuola che nata e
cresciuta in terre straniere e soprattutto in Germania è
stata poi importata dovunque cambiando forma ai politici ordinamenti. Di fronte a questa stà l'antica filosofia quella degli scolastici, filosofia italiana, nazionale e
soprattutto cristiana, acuta ma senza astruserie, sublime
ma facile allo stesso tempo, feconda di ottimi risultati,
pura e limpida come il bel cielo d'Italia, mentre l'altra
è oscura e tetra come le nebbie del settentrione. Quale
sarà pertanto l'avvenire della italiana filosofia in genere,
ed in ispecie della scienza politica? Glorioso senza dubbio se dessa tornerà sulle orme de'suoi grandi luminari
e maestri, e dai loro insegnamenti non si dipartirà. —
Delle repubbliche disse sapientemente Macchiavelli, (1)
che il modo di rinnovarle è di condurle verso i principii
suoi, con che ripigliano la prima riputazione, il primo
augumento loro. La sentenza del Segretario fiorentino
si può bene applicare alla filosofia ed alle scienze morali: la loro riforma consiste appunto nel ritornarle ai
loro principii, alle loro pure sorgenti; e tanto più saran
presso alla loro perfezione, quanto più si accosteranno
ai dettami di quegli antichi maestri da cui ebbero il loro
impulso primitivo. Torni adunque la moderna scienza filosofica al suo passato, alle sue gloriose tradizioni; evo-
chi dall'oblio i grandi genii della scolastica filosofia, e

(I) Discorsi sulle Deche lib. 3 cap. 1.

per tal maniera sarà ristorata la scienza, e colla scienza la vita sociale e la civiltà che ne sono l'applicazione e ne seguono l'andamento. Se questo nostro lavoro varrà ad essere un tenue omaggio al grande Aquinate ed insieme alla cristiana filosofia del Medio Evo, noi andrem lieti d'avere ottenuto l'intento, nè ci toccherà il rammarico d'aver gittato indarno il tempo e la fatica.

INDICE

CAPO SECONDO

Del fine dello Stato

CAPO TERZO

Della Sovranità nello Stato

CAPO QUARTO

Delle forme di Governo

CAPO QUINTO

Delle funzioni del potere Sovrano

CAPO SESTO

Dei limiti dell'azione dello Stato

CAPO SETTIMO

Delle relazioni fra lo Stato e la Chiesa

CPSIA information can be obtained at www.ICGtesting.com
Printed in the USA
LVOW121301220513

334998LV00003B/464/P